科比全传
永恒黑曼巴

纪念版

张建义 著

KOBE
BRYANT

北京时代华文书局

图书在版编目（CIP）数据

科比全传：永恒黑曼巴 / 张建义著. —— 北京：北京时代华文书局，2022.1
ISBN 978-7-5699-4518-8

Ⅰ．①科… Ⅱ．①张… Ⅲ．①布莱恩特（Bryant,Kobe 1978-2020）—传记 Ⅳ．① K837.125.47

中国版本图书馆CIP数据核字（2022）第 003812 号

科比全传：永恒黑曼巴
KEBI QUANZHUAN：YONGHENG HEIMANBA

著　　者｜张建义

出 版 人｜陈　涛

选题策划｜董振伟　直笔体育

特邀策划｜苏化语

责任编辑｜张彦翔

执行编辑｜马彰羚　王振强

责任校对｜凤宝莲

装帧设计｜程　慧　赵芝英

责任印制｜訾　敬

出版发行｜北京时代华文书局 http://www.bjsdsj.com.cn
　　　　　北京市东城区安定门外大街 136 号皇城国际大厦 A 座 8 楼
　　　　　邮编：100011　电话：010 - 64267955　64267677

印　　刷｜北京盛通印刷股份有限公司　010 - 52249888
　　　　　（如发现印装质量问题，请与印刷厂联系调换）

开　　本｜710mm×1000mm　1/16　印　张｜15　字　数｜248 千字
版　　次｜2022 年 1 月第 1 版　　　　印　次｜2022 年 1 月第 1 次印刷
书　　号｜ISBN 978-7-5699-4518-8
定　　价｜48.00 元

版权所有，侵权必究
本书图片由视觉中国提供。

序言
你要如何描述科比·布莱恩特？

科比对于NBA（National Basketball Association，美国职业篮球联赛）以及所有的关注者来说，都像是一个谜。我们见过他的81分"屠龙"夜，也见过他在"鹰郡事件"后闪烁的眼神。我们知道他的"凌晨四点洛杉矶"，也知道他与父母、与恩师交恶后在媒体掀起的战争。

我们见过他18岁的样子，新鲜又热烈，坚定而无所畏惧，仿佛世界都在他的掌心。

20年过去，科比每场比赛都乘坐直升机去斯台普斯中心，比赛结束就再乘坐直升机回家。这听上去无比浮夸，像是那种自大到极致的有钱人才能干出来的事情，即使在NBA里面，也没多少人会这样做。但科比说，直升机只是一种维持他正常生活的工具，跟他的力量训练、按摩浴缸或他定制的耐克球鞋没有区别。在1200米的天空上，好莱坞的标志如同蛋糕上的巧克力牌，而这个蛋糕，这个城市，科比确实已经把它握在掌心。

在科比的职业生涯里，我们不知道多少次见证过他与队友的决裂。从奥尼尔到霍华德，在他的球队里，任何一个配得上获得"巨星"称号的队友似乎都终将被排斥离去，而这也让科比得到了"自私"的评价。但是他的朋友，尤其是比他年纪小一些的运动精英，无论是莎拉波娃还是WNBA（Women's National Basketball Association，国家女子篮球联盟）的坎迪斯·帕克，都曾在人生的不同阶段，因为科比的建议和指导而受益匪浅。

我们到底应该如何去描述科比？

所有人都试图解析他，对于这位NBA巨星，每个人都有自己的看法，而费舍尔曾被无数人问及相同的问题:"科比是怎样的人?你喜欢他吗?真实的他究竟是什么样子的?"费舍尔模仿着那种自信的语气,那些人往往自以为已经看透了科比,"他看起来……"

无论后面跟着的是什么形容词,费舍尔总说那是错的。

就连费舍尔自己也无法描述。费舍尔和科比当了13个赛季的队友,并肩作战夺得5次总冠军,是科比亲口承认的在队里关系最好的队友,但是费舍尔从来没有去科比的家里做客。

科比曾经将自己区分成两个身份——黑曼巴、篮球场上的半神。他只要踏上球场,就永不退缩,勇往直前;科比,拥有人类的各种弱点,也有着无与伦比的感染力。他是这两个身份的统一,却又不局限于此,所以有人爱之欲其生,有人恶之欲其死,但无论你如何看待他,你都必须承认他注定是一个传奇。

这世间的传奇如星辰升落自有规律。科比一直都是诚恳的观星者,他研究拉里·伯德和"魔术师"约翰逊,也研究达·芬奇和卓别林。他试图将一切现象拆解还原,想知道成功和失败,在过程中的每一步里都有着怎样的经历,在什么样的概率下走向了最终的结局。

所以,我们或许也只能按照科比的办法,沿着他的道路,去拆解他的人生,还原其中的细节,然后从中找到他的定义。

目录
CONTENTS

PART1
天赋少年　寻梦起航

第 1 章	传承，神奇的预言	002
第 2 章	成长，意大利之夏	010
第 3 章	飞升，第一高中生	016

PART2
厚积薄发　紫金之巅

第 1 章	到来，洛杉矶之子	026
第 2 章	挫折，成功的阶梯	034
第 3 章	霸业，三连冠王朝	044

PART3
单枪匹马　漫卷西风

第 1 章	决裂，新时代开启	060
第 2 章	81 分，极致独角戏	068
第 3 章	留守，巴斯的承诺	074

PART 4
俯视群雄　睥睨天下

第 1 章	伙伴，在凌晨聚首	082
第 2 章	救赎，蜕变与登顶	090
第 3 章	抢七，五冠终极战	098

PART 5
一人一城　难说再见

第 1 章	岁月，最无情猎手	108
第 2 章	跟腱，坚韧的光辉	116
第 3 章	告别，Mamba Out	126

PART 6
英雄远去　传奇永恒

第 1 章	跨界，再一次上路	136
第 2 章	篮球，女儿与传承	142
第 3 章	天空，此去无归途	148
第 4 章	怀念，生命的礼赞	156

| 后记 | 172 |
| 附录 | 175 |

PART1

天赋少年
寻梦起航

第 1 章

传承,
神奇的预言

1978年10月13日，费城光谱球馆，费城76人队迎战洛杉矶湖人队。

赛前，费城76人队的总经理帕特·威廉姆斯在场边观看球员们热身，一辆婴儿车出现在他的眼前，车内有一位很可爱的小宝宝，虽然看上去刚出生不久，但一双眼睛炯炯有神，光谱球馆内喧哗的气氛，不但没有让这个孩子不安，反而让他有些兴奋。

"'果冻豆'，这是你的儿子吗？"威廉姆斯微笑着问道。

在婴儿车旁边，是一位身材高大的青年男子，他一手推着车，一手挽着妻子。"果冻豆"的爱人有着美丽的容貌和不俗的气质，而她眼中投射出的那种自信与坚毅，要比颜值、身材这些外在的美更吸引人注意。

"是啊，帕特，还记得他叫什么吗？""果冻豆"笑着答道，他平时总是笑容可掬，性格随和，很好相处。

"当然记得，他叫科比·布莱恩特！"威廉姆斯望着婴儿车里的孩子，说出了这个名字。

1978年8月23日，科比出生在费城，他的父亲，被朋友们称为"果冻豆"的乔·布莱恩特是一位篮球运动员。"果冻豆"这个绰号一是因为乔爱吃这一类的糖果，二是由于他球风华丽，技术动作如同果冻般丝滑。

乔成长于费城西南部，那里是穷人聚集区，刑事案件时常出现，黑人青年想要摆脱贫困的现状，有两条捷径，要么加入帮派，要么成为一名优秀的运动员，乔选择的是第二种。

1954年出生的乔，球员生涯所经历的篮球时代，内外线泾渭分明，大个子要去内线讨生活，小个子要在外线找活干，而身高达到2.06米的乔却有着特立独行的打法，他更喜欢胯下运球，变向切入；不看人传球这些在传统篮球理念中与大个子球员并不匹配的动作，他还专门花时间去练习，即便身高已经达到大前锋的水准，也没有停下来过。

对于乔"离经叛道"的技术特点，他的朋友辛普森有一个解释："'果冻豆'很喜欢秀，比赛就是他的秀场。"

爱秀，并且能秀的乔，很快在费城的球场出人头地，他的比赛不落俗套、天马行空、自由奔放、赏心悦目，观者无不眼前一亮，少年时代的乔迅速成为费城街头球场的大明星，看"果冻豆"打球成为社区的一个时尚。

"我们都喜欢看乔打球，每次他上场，球场四周都是人山人海的，"辛普森回忆道，"你要是晚到一会儿，都挤不进去。乔就是这样受欢迎。"

回想起乔昔日的比赛风采，辛普森这些老朋友，对于后来发生的事情，颇有些感悟。"当我们看到科比打球，总会想起费城社区球场上的'果冻豆'，他们都是天生的赛场表演家，能够很自然地吸引你去关注，我觉得这是一种与生俱来的才能，父子之间的传承。"辛普森说。

乔将他在街头球场的辉煌，带到了NCAA（National Collegiate Athletic Association，全国大学体育协会）赛场，虽然他在加入拉萨尔大学的时候遇到了考试成绩上的麻烦，但站在球场上的乔依旧是那位大明星，他代表拉萨尔大学出战的首个赛季，就有场均18.7分、10.8个篮板的表现，第二年数据提升到场均21.8分、11.4个篮板。

在篮球场上春风得意的乔，场外收获了甜蜜的爱情，他与容颜秀丽的帕梅拉·考克斯相识，很快就坠入爱河。乔与帕梅拉的性格是明显的互补，乔很温和很随性，他享受在比赛中释放自己的才华，获得球迷的欢呼，但并非那种一定要"杀死对手"的强悍气质；而帕梅拉虽然不是运动员，却有着下定决心就绝不动摇的坚毅品格，追求完美并愿意为此全力以赴、持之以恒。

如果说科比的球风传承于他的父亲，他的性格更接近母亲帕梅拉，那是一种"冷血杀手"般的气场，披荆斩棘奔向目标，不达目的决不罢休。

乔与帕梅拉在1975年结婚，一年后他们的大女儿萨莉亚出生，第二年二女儿萨雅到来。1978年的夏天，乔与帕梅拉婚后第三年，即在NBA的第三个赛季结束后，夫妻两人唯一的儿子降临，他们给这个孩子取名科比·布莱恩特。

在很多新闻报道的版本中，乔与帕梅拉用"科比"给儿子命名，是因为他们喜欢神户牛肉，那是夫妻俩常去的一家牛排餐厅的招牌菜，神户的英文书写就是"kobe"。但乔和帕梅拉解释过这件事，他们只是喜欢这个单词的读音而已，与

科比全传：永恒黑曼巴

神户牛肉没有直接关系。

当然，无论具体的原因究竟是什么，乔和帕梅拉给他们的儿子起了一个响亮的名字，朗朗上口并且很有个人风格，并最终成为一个篮球时代的标志，永远铭刻在篮球历史的丰碑上，成为布莱恩特家族永恒的骄傲。

对于科比，乔与帕梅拉投入了全部的爱，尤其是帕梅拉，虽然她也非常爱自己的两个女儿，但科比是这个五口之家的中心，用帕梅拉朋友的话来讲，这位母亲对儿子已经达到溺爱的程度，她会满足科比的一切要求，倾尽所有给这个孩子力所能及的最好成长条件。

乔和帕梅拉在距离费城6.4千米的劳尔梅里恩镇的富人区购买了一处房产，帕梅拉精心为科比装饰了房间，在众多价值不菲的儿童家具中，一个很特别的篮筐最为引人注目，那是专门定做的，可以随着孩子的成长调整高度。帕梅拉看到科比才三岁的时候，就已经可以有模有样地拍着球冲向降低高度的篮筐，然后模仿爸爸的动作，把球扣进去。

大姐萨莉亚渐渐发现她的弟弟小小年纪就能用左手运球了，虽然投篮还是右手，但控球时可以左右开弓。"他三岁的时候就能用左手掌控球了，最开始或许是一种本能，但等到六岁时，已经是有意识地锻炼左手。他用左手刷牙，还用左手写字，我问他为什么这样做，他说不希望在技术上有任何破绽可以被对手利用，那时候他才六岁啊，现在想想简直不可思议。"萨莉亚说。

每到乔休赛期的时候，科比都会跟随父母去爷爷老乔·布莱恩特那里，小篮球是科比必带的随身物品，他在老乔的房子里运着球东奔西跑，爷爷家没有安装篮筐，科比就把垃圾桶作为投射目标，不知疲倦地一次次将球扔进去，有时候老乔不得不阻止他的孙子。

"科比，歇一歇吧，你都浑身是汗了。"老乔喊道。

"爷爷，我不累。"科比用他稚嫩但响亮的声音回答着，拍着球就冲了出去，直奔不远处的一个街头球场，就像他父亲小时候一样。

每次望着科比奔向球场的身影，老乔都会念叨着他的母亲——乔的祖母留下的那个预言。

"你的祖母说，我们这个家族，在未来会出现一位名满天下的大人物。"老乔不知道多少次重复着这句话。

有一段日子，乔认为祖母说的那个人就是他，这也并非盲目自信。乔在1975年选秀首轮第14位被金州勇士队选中，随后交易至家乡球队费城76人队，签下了3年90万美元的合同，在当时这是很优厚的一份合同，费城76人队很欣赏乔的篮球才华，也重视他费城出品的城市背景，因此在工资上给予优待。

一夜之间进入富人阶层的乔，购买房产，给自己和帕梅拉都置办汽车，随着他们的孩子出生，乔还为每个小宝宝订购了儿童车，当科比三岁的时候，得到了那辆专属于他的奔驰儿童款小车。

在场外享受人生的乔，场上的表现却不尽如人意，吉恩·舒是乔在费城76人队打球时的首任主教练，他对于乔未能将学生时代的成功迁移到职业赛场有比较透彻的分析。

"他打球很漂亮，什么技术都会，但问题正在于此，门门通却没有哪门精，你很难定义他的比赛角色，得分手？篮板手？防守专家？都不是。他的扣篮很棒，但这不能算是突出的技能。"

实际上乔的遭遇是很多新秀球员都会遇到的，他们在高中和大学赛场上呼风唤雨，但到了竞争等级明显高出好几档的NBA，以前的很多优势会被削弱，乃至不复存在，这时候需要球员去适应，将身体和技术打磨得更好，以应对挑战，但乔的性格中缺少坚毅的那部分，他更喜欢安逸而不是改变，赛场上的一些挫折难以成为刺激他变强的动力，反而消磨了他的自信。

乔的迷失不仅在比赛中，也在生活里，钱包的迅速膨胀，让他的欲望也加倍增长，而20世纪70年代恰恰又是NBA最混乱的阶段，纵欲与毒品将这个联盟包围，一些球员甚至打比赛的间隙也要回更衣室"抽"两口，否则就无精打采，而灯红酒绿的花花世界更是令他们沉迷温柔乡，欲望的荷尔蒙将球员们的夜生活填满。

在这样的大环境中，乔也偏离了曾经的人生轨道，他外遇，还沾染上毒品，并且被警方抓个正着。乔为了逃避警察检查，闹出一场午夜飞车，在费城街头被几辆警车追捕，乔仓皇逃窜，一路撞毁三辆车，直至他驾驶的车失控撞墙，才停止了这场闹剧。

内心的脆弱、对欲望的不加控制，让乔的NBA之路越走越窄，虽然他后来在圣迭戈快船队（现在的洛杉矶快船队）和休斯敦火箭队有赛季场均得分上双的表现，但曾经令人充满期待的篮球才华并未得到充分的展现。当时间来到1983年，乔的NBA生涯已经走到死胡同，教练和队友都意识到他的篮球之路已经严重脱轨，甚至出现了赌博导致输掉身上所有的钱，因为没钱坐车返回球队居住的酒店而错过行程的奇葩状况。

没有哪支球队需要这样一名球员，尽管乔才28岁，但他在NBA已经"失业"。问题是乔一家已经习惯的高额花销并未就此改变，他们的存款不能长时间支撑这样的消费水平，乔不得不另找活干，他从事了一段时间的销售工作，虽然干得还不错，但收入显然无法与打球时相比。

为了让生活重新好起来，乔在朋友的劝说下，产生了去欧洲打球的念头，有一支意大利球队愿意签他。帕梅拉起初反对这个想法，因为举家迁往意大利是非常麻烦的，但如果只让乔一个人去，她又不能放心。在深思熟虑之后，帕梅拉还是同意了乔的计划。

1984年的夏天，乔与帕梅拉带着他们的三个孩子离开费城前往意大利。在候机大厅，有些失落的乔，望着怀抱着篮球、背着小书包的科比。在那个书包里，装着几盘NBA比赛的录像，那是科比的最爱，他把很多玩具都留在了费城的家中，但篮球和录像带不会割舍。

恍惚之间，乔突然想起了祖母的那个预言，他若有所悟地喃喃自语：

"也许，那个大人物并不是我。"

第 2 章

成长，
意大利之夏

列蒂市，坐落于意大利中部的拉齐奥大区，罗马的东北方，群山环绕，湖光秀丽。这是一座意大利古城，有着浓郁的文艺气息，幽静而典雅。

科比的家，就在这座城市，或者更准确地说，其中的一个家在这里。因为乔在欧洲联赛打了七年，曾到过很多国家，意大利只是这段旅途的第一站，而且即便在意大利打球期间，乔也换了几支球队，列蒂市是乔一家相对居住时间较长的地方。

那段经常搬家的日子，对于科比的性格养成产生了一些影响，他无法长时间融入一个朋友圈子中，常常是刚刚与小伙伴熟悉了，就要去其他的城市，科比渐渐习惯独来独往。

乔在欧洲的篮球生涯很成功，他炫酷的球风在当地很受欢迎，尤其是在意大利的那几年，乔场均得分超过30分，有单场70分的华丽表演，他曾被NBA教练认为华而不实的一些动作，在打篮球也讲究文艺的意大利，被认为是一种赛场艺术。

"大家谈到乔的比赛，通常会用'漂亮'这个词，非常有观赏性，让你不虚此行。"乔在意大利联赛的队友道格拉斯说。

科比完美传承了父亲爱"秀"并且会"秀"的天赋，每当比赛暂停或者中场休息的时候，科比就会跑上场，表演投篮和罚球，有时会有同龄的小球员和他一起表演，大多时候是科比一个人，他会想象眼前有一名防守者，然后自己设计动作，摆脱防守展开进攻。**科比将其称为影子训练法，这种方式伴随了他整个篮球生涯。**

作为一个酷爱足球的国家，意大利的篮球联赛水平显然不能与美国相比，但意大利具有欧洲传统的体育理念，注重梯队建设，球队都有配套的少年队，科比就是少年队的球员，那段日子对于科比基本功的养成起到至关重要的作用，为后来的职业生涯打下了坚实的技术基础。

"不仅仅是投篮和运球等手上的技巧，还有步法，我很小的时候就掌握了如何不运球只通过脚步和身体重心去调动防守。"科比说，"我在意大利的时候有专项的训练，训练时谁都不可以运球，就练步法，当我从欧洲回到美国的时候，那些基本功已经牢牢形成肌肉记忆了。"

与同龄的队友相比，科比无论身体天赋还是技术水平都要高出很多，更重要的是，他在篮球上的目标与其他孩子不一样，很多队友是出于爱好加入少年队的，但科比不仅是热爱，更有远大的追求。在学校、少年队以及夏天回费城打当地的少年组比赛时，科比填写资料表，在未来职业规划上，都写着"进入NBA"，工作人员不得不告诉他，去NBA打球是小概率事件，他应该有其他的备选方案，但科比不以为然。

"既然有人可以去NBA，为什么不是我呢？"科比说。

作为乔的队友，道格拉斯有时候会在球队大巴上看到科比，还是小孩子的他已经熟悉了职业球员的工作节奏，并且乐此不疲。科比在车上经常会和他的球员叔叔聊天，道格拉斯发现科比很少谈意大利联赛或者欧洲的其他篮球赛事，他的目标投放在NBA，那里是他奋斗的方向。

"我记得有一次我们请科比谈他的理想，这个孩子非常认真地对我们说：'等我长大了，我会让你们看看真正伟大的球员是什么样子的。'"道格拉斯回忆道，"他志存高远，并且自信满满。"

科比在篮球上的自信十分充沛，这与征战NBA时的乔形成鲜明的差异。乔来到意大利后，一直在反思自己的职业之路，他认为信心不足是导致他在NBA未能取得成功的关键因素，很多时候他明明有能力打得更好，却由于胆怯而退却。

有了这样的经验教训，乔在培养科比的时候，尤其注重提升科比的自信心，不断灌输"你最强"这样的理念，而随着科比在同龄的球员中逐渐展现出赛场统治力，他的自我意识越来越强，愈发喜欢单枪匹马解决战斗，扮演孤胆英雄。

"科比在场外虽然沉默寡言，但并不霸道，私下里相处还是很随和的，并且愿意分享。"科比在少年队的队友威托里说，"但是在比赛中，他完全变了一个人，没有丝毫的笑容，百分之百的专注，你很难要求他传球，因为他的想法是单打独斗就可以击溃对手。他的这种打法让你又爱又气，你欣赏他的球技，确实比我们都厉害，但你又有些难以接受他的独断专行，有时教练要把他换下去，这样其他队友才能有机会。当然，无论你怎样看待他打球的风格，有一件事是大家公认的，那就是他对于胜利如痴如狂，而且越是重要的比赛时刻，越兴奋越敢于承担。"

2021年1月26日，意大利雷焦艾米利亚的一个广场以科比及其女儿吉安娜的名字命名，科比曾在此度过一段童年时光，科比昔日旧照一同亮相。

  威托里不但是科比的队友，也算是科比为数不多的朋友，但他也承认科比的比赛在八九岁的时候就已经打上了"大家让开，我来搞定"的烙印，让同队的其他球员会产生不愉快的情绪，不过，科比这样做是有理由的，他的水平远高于队友，而实力等级的差别除了天赋高低外，还有训练强度。

  "科比的训练极其辛苦，"另一位队友罗泰拉说，"我从未见过那么小就那样训练的人，他没有休息日的，即便我们没有安排训练的时候，他也会来到球馆自己加练。不在球馆的时候，他也离不开篮球，我曾经看过一盘他自己剪辑的比赛录像，是分析一位NBA球员的技术特点，那时候他才九岁而已，就已经相当专业。"

  在科比的卧室里面，有一个柜子专门装录像带，有一些是他从美国带过去的，有的则是祖父邮寄给他的。由于美国和意大利有六个小时的时差，NBA的比赛在意大利直播大多是凌晨，时间上对于科比很不"友好"，所以祖父会从费城将近期的比赛录像准备好，寄给科比。乔还购买了录像定制业务，有专门的公司将比赛录像制作好，送到科比家里。

> 只要不打球的时候，科比就会去看比赛录像，专心致志研究球员的技术动作和球队的战术打法，他还学会了编辑录像，能够像专业球探那样，通过录像解读球员与球队。

在后来的职业生涯中，科比被称为最接近迈克尔·乔丹的得分后卫，他确实从乔丹那里学到了很多东西，但意大利时期的科比，最喜欢的球员是洛杉矶湖人队传奇球星"魔术师"约翰逊，卧室里贴满了"魔术师"的海报，收藏的比赛录像其中很多是"魔术师"与洛杉矶湖人队的。

考虑到科比的比赛风格，他最崇拜的球员是"魔术师"似乎有些矛盾，但科比有他自己的见解，欣赏"魔术师"的比赛，从中学习技术细节，与他个人的风格并不冲突。

"'魔术师'是非常特别的球员，他的比赛令我受益匪浅，"科比说，"我学习他运球时如何利用身体，指挥队友时怎样预判对手的防守走势，那是一种阅读比赛的能力，他能够料敌于先。"

作为"魔术师"铁杆粉丝的科比，在1991年休赛期的时候，得到一个十分不好的消息，"魔术师"因为感染HIV（人类免疫缺陷病毒，又称艾滋病病毒）宣布退役。当时意大利并没有第一时间播报这条新闻，是科比的祖父从美国打来电话告诉乔和帕梅拉，乔尽量委婉地向科比解释"魔术师"退役的原因，但还是击溃了这个13岁孩子的心理防线，他大哭一场，整整一周的时间都萎靡不振。

1991年，在篮球历史上是一个十分重要的时间点，乔丹在那一年带领芝加哥公牛队夺冠，在总决赛击败的正是"魔术师"领军的洛杉矶湖人队，"魔术师"染病退役，与"魔术师"共同统治20世纪80年代NBA的巨星拉里·伯德受困伤病也处于退役边缘，NBA已经正式进入乔丹时代，"飞人"如日中天。

就在这一年，乔决定结束自己的球员生涯，带领全家返回费城，科比的人生将翻开新的篇章，机会与挑战接踵而至。

"我那时候13岁，很清楚回到费城将面临什么，如果说我在欧洲的时候，是同龄球员中的佼佼者，那么在美国则是另一回事，父亲告诉我，我或许要从零开始。"科比说。

第 3 章

飞升，
第一高中生

1992年的冬天，巴拉辛韦德中学的学生食堂，已经升入八年级的科比正在吃午餐，一位抱着篮球的少年走到他的餐桌旁，用挑衅的语气大声说道："我听说你球打得不错，敢和我打一场吗？"

向科比发起挑战的孩子名叫莫·霍华德，比科比大几岁，在巴拉辛韦德中学一带的篮球场颇有名气，经常在球场上吊打对手，直到他听说学校里来了一位从欧洲返回的孩子，父亲还是NBA退役球员，球技相当厉害。

科比望着霍华德，轻轻点了点头，然后将午餐吃完，将餐具收拾好，这是科比的生活习惯。在母亲帕梅拉的要求下，科比的一切都井井有条，有着需要严格执行的日程表，他在意大利时就是这样，回到美国后与同龄的孩子相比甚至有些"格格不入"。

与霍华德单挑并不在科比当天的安排中，但也无妨，因为他很快就结束了这场比赛。"我被打爆了，就是这样，他在击碎我的防守，把球投进那一刹那的眼神，与后来在NBA打球时一模一样。"霍华德说。

虽然回到费城才一年多，但科比已经名声在外，当地的一些篮球小将纷纷上门"踢馆"，结果都与霍华德一样。对于科比的实力，乔有个直截了当的评价："他比我八年级的时候强很多。"

乔在家乡的生活起初并不如意，因为他没找到合适的工作，就当乔为应该做些什么感到苦恼时，一位名叫格雷格·唐纳的人找上门来，唐纳是劳尔梅里恩高中篮球队的主教练，他邀请乔出任球队的助教。

"我开门见山，我们希望您的儿子能来劳尔梅里恩高中。"唐纳说。

"教练，你见过科比？"乔有些不解。

"见过，我还和他打了一场单挑比赛，我输了。"唐纳笑着说。

劳尔梅里恩高中在费城远远称不上篮球名校，他们上一次拿到州冠军已是半个多世纪以前的事情了。美国高中在篮球人才的招募上与大学相似，越是那些历史辉煌、战绩出众的球队，越能得到优秀的球员，而这些球员又会让校队良性循环。

劳尔梅里恩高中的篮球队显然没有那么好的招生条件，不会有那些天赋卓越的球员主动来投，唐纳不得不到处考察，看看能不能发现好苗子。当唐纳得知科比球打得非常好，就去看了科比的比赛，他如获至宝。

"这么说吧，在球探领域，有一回合理论，就是某些球员你只要看他打一回合，就知道他是可造之才，科比就是这样。"唐纳说，"我在当教练之前球打得还不错，于是邀请他一对一，结果证明我高估了自己的实力。"

科比接受了唐纳的邀请，他喜欢唐纳的坦诚，以及在篮球上的雄心壮志。另外，乔可以在劳尔梅里恩高中篮球队任教，科比的两位姐姐也在该校就读。

1992—1993赛季，是科比在劳尔梅里恩高中的第一年，球队的战绩为4胜20负，这与唐纳和科比的期待相距甚远。造成这种情况有两个原因：一是球队的整体实力不足；二是科比的个人能力还没有强大到可以在高一就改变球队命运的层级，他的身体还在成长，身高在不断提升，但力量尚未跟得上，因此在比赛中容易受伤，高一赛季科比就遭遇到膝盖骨折的问题。

解决问题的最佳途径只有一个，那就是让自己变强。 1993年的夏天，科比制订了"1+1+1"训练计划，他会在上午前往圣约瑟夫大学体育馆与大学球员一起打球，下午的时候去田径场强化体能，晚餐过后去社区球场加练。

科比的训练模式让唐纳教练感到惊讶，他从未见过一名高中球员以这样的强度打磨自己的身体与技术，与此同时唐纳也有些担心，因为科比几乎没有时间学习，功课会不会落后？

出乎唐纳的意料，科比的假期作业完成情况非常好，他尤其擅长写作，晚上训练结束后，有时间就会写一些与篮球相关的小故事。许多年后，当已经退役的科比成为畅销书作家，谈到自己的创作历程时，就会回忆起高中时期那些练笔的时光。

"我从中学就开始练习写作了，如何设计情节，如何运作故事的起承转合，这些都是我在那时候就学习的东西，我非常热爱写作，每次动笔都很开心。"科比说。

当然，写作对于科比更接近于放松身心的一种方式，他的专注点是篮球。在高一赛季结束的时候，科比就向唐纳承诺，一定会让球队有质的飞跃。科比很快就兑现了诺言，在1993—1994赛季，劳尔梅里恩高中从4胜变成了16胜，科比场均砍下22分、10个篮板。当时高中比赛的时间并不是48分钟，而是32分钟，在这样的比赛时间中，交出场均22+10的数据，科比的提升肉眼可见。

就在1994年休赛期，对于科比篮球生涯起到重大影响的人出现在科比的生活中，那就是桑尼·瓦卡罗。 瓦卡罗这个名字，在当时的美国篮球界可谓家喻户晓，他的具体工作是球鞋公司的球探，但实际的地位远远高于此。瓦卡罗的人脉遍布NCAA与NBA，他拥有发现人才的慧眼，经典之作是1984年劝说耐克签下乔丹，并为乔丹推出专属生产线，当时耐克高层对于这个计划很犹豫，瓦卡罗以自己的工作担保：乔丹一定行。

"我告诉他们，我看过这个孩子打球，他在NBA将青云直上，达到前所未有的境界，如果他未能做到，我就辞职。"瓦卡罗回忆起当年力荐乔丹时说。

1994年的时候，瓦卡罗与耐克已经分手，双方结束合作的原因讳莫如深，但这种商业上的分道扬镳大多是利益分歧。瓦卡罗转投耐克的竞争对手阿迪达斯，帮助阿迪开办了ABCD训练营，改变了以往将人才考察的重点放在大学的模式，将选材范围拓展到高中，科比就是在这个时候出现在瓦卡罗的视野中。

"起初我并不了解这个孩子，但我知道他的父亲乔·布莱恩特，他们父子一起来到训练营，乔告诉我虽然科比在高二赛季表现很好，但因为他的学校并不出名，所以科比没有获得全国性的精英训练营邀请，乔希望我能给科比一个机会。"瓦卡罗说。

瓦卡罗给了科比一个名额，科比的表现也很棒，但他并不是那一年训练营中最好的高中生，这个位置属于来自纽约的斯蒂芬·马布里，但瓦卡罗还是对科比印象深刻。

"我看到他的进步，更看到他的决心。"瓦卡罗说，"在训练营结束的时候，科比找到我，很真诚地对我说：'非常抱歉，我未能成为训练营的MVP（Most Valuable Player Award，最有价值球员奖），但我保证明年一定做到。'"

科比言出必行，一年之后的ABCD训练营，他拿到了MVP，他的身体条件更加成熟，不仅仅展现在进攻端，也在防守端。 在训练营的对抗赛中，科比完成一次石破天惊的防守，他贯穿全场追防中锋洛伦·伍兹，在这位身高2.16米的大个子起跳扣篮时，科比送出了钉板大帽。

"当时我就在现场，科比将球摁在篮板上，球反弹到三分线，"劳尔梅里恩高中助理教练特里特曼说，"那样的防守态度，那样的爆发力，我从来没见过。"

1995年时的科比实力上早已不属于高中这个层面，他已经开始跟随NBA球队训练，并和NBA球员打比赛。 当然，这些训练和比赛都是在休赛期进行的，属于私人训练营，NBA官方是不允许球队以正式名义接触高中球员的，但私人性质的往来难以确定边界，所以可以打擦边球。

首先向科比发出邀请的是乔的母队费城76人队，时任球队主帅约翰·卢卡斯的女儿在劳尔梅里恩高中上学，她回到家向父亲绘声绘色地讲述校篮球队有一个叫科比的男孩子打球非常厉害。

"爸爸，我觉得他比你还厉害。"女儿这样告诉卢卡斯。

卢卡斯是1976年的选秀状元，科比会比他还优秀？带着疑问，卢卡斯邀请科比参加球队在圣约瑟夫大学的自发集训，结果科比在与NBA球员的直接对话中丝毫不落下风，甚至很多时候他是占优势的那一方。许多年后，有一个说法是科比在那次训练中，打爆了1995年选秀探花斯塔克豪斯。对于这个传说，斯塔克豪斯给予了否认，但他承认科比确实给他们这些已经进入NBA的球员带来了很大的压力。

"他打球不仅仅是想赢那么简单，而是要摧毁对手的信心，"斯塔克豪斯说，"当他向你冲过来的时候，不会选择上篮，而是坚决要隔扣你，他就是要在心理上击溃对手。"

圣约瑟夫大学的主教练马特里观看了科比与费城76人队球员的对抗，以及科比的日常训练，他做出了一个决定，将球馆的钥匙交给科比，允许这个孩子在任何时候来馆内练球，要知道即便圣约瑟夫大学篮球队的球员也没有这个待遇。

"科比运动天赋非常强，而他心理天赋也极其出色，甚至要超过身体上的。"马特里说，"他们那时候是一天两练，早上训练的时候，科比会提前两个小时就到，等到大家聚齐的时候，他已经练到汗流浃背了。上午的训练到12点结束，而科比会加练到下午两点才去休息。晚上7点是第二次训练，到9点结束，科比是5点就到，一直会练到11点，天天如此，他身边的那些职业球员都未能做到，这个孩子是有取得成功的理由的。"

正是在那次的集训中，有很多职业球探向乔提出建议：科比一年后高中毕业，不必在大学浪费时间了，他应该直接去NBA。

"我之前也听过一些关于直升NBA的说法，但那次训练结束后，这样的声音突然多了很多。"乔说，"他们告诉我别让科比去大学了，如果有机会就直接打NBA，大学比赛对于科比没有意义，他还有一年才高中毕业，就已经能和NBA球员抗衡了。"

是否跳过大学进入NBA，对于科比来说是一年之后的事情，他现在迫切希望实现的目标是带领劳尔梅里恩高中拿到州冠军。在已经结束的1994—1995赛季中，科比场均砍下31分、10个篮板、5.2次助攻、2.3次抢断、3.8次盖帽，劳尔梅里恩高中在常规赛中排名第一，但在州四分之一决赛中，虽然科比拿下33分、15个篮板，却关键时刻出现失误，导致球队错失胜机遭到淘汰。

回到更衣室的科比情绪崩溃了，他大哭一场，向所有队友道歉："对不起，这场失利责任在我，但请大家相信我，这样的事情绝不会发生了，明年我一定把冠军带回来。"

1995—1996赛季，科比高中生涯最后一年，他场均30.8分、12个篮板、6.5次助攻、4次抢断、3.8次盖帽，高中生涯得分锁定在2883分，一举打破了威尔特·张伯伦保持的宾夕法尼亚州东南部地区高中球员得分纪录。科比在攻守两端统治着高中赛场，成为NCAA招募榜上排名第一的高中生。

奈史密斯年度最佳高中球员、佳得乐年度最佳球员、全美第一阵容等，科比将一系列荣誉收入囊中，最重要的是科比带领劳尔梅里恩高中拿到了州冠军，此时距离他们上一次夺冠已经有53年之久。

在高中的告别季，科比的争胜欲望又上了新的台阶，他想要冠军，想要成为最好的高中生球员，任何一次训练，任何一场比赛都不可以懈怠，他的篮球神经里就没有"放松"这个词,哪怕只是一次小小的对抗赛。

作为科比在劳尔梅里恩高中的队友,舒瓦茨至今记得发生在1995—1996赛季的那件事。那是州冠军赛之前的训练,舒瓦茨与科比同组打三对三,以先拿到10分作为获胜标准。科比带队的小组与对手战成了9∶9,球权在科比这一方。

舒瓦茨控球,科比跑位准备接球投绝杀,平时这样的球一定会交给科比处理的,但舒瓦茨这一次突发奇想,他做了一个传球的假动作,然后自己突破上篮结果未中,对方抓住机会反击得分,科比那一组输掉了比赛。

实际上这场三对三并不是正式的训练赛,只是常规训练完成后队友之间的加练,在舒瓦茨看来就是小游戏而已,胜负无关紧要,所以他才没有传球给科比,但科比与舒瓦茨的想法大不一样。

"当我们输球后,科比暴怒,他像疯了一样对我狂吼。"舒瓦茨回忆道。

在比赛结束后一个半小时内,科比都在咆哮着追问舒瓦茨为什么不把球传给他,如果是他投那一球就不会输了。科比的这个强烈反应不但让舒瓦茨感到难以理解,就连教练也觉得不可思议。

"我当时甚至怀疑科比想杀了舒瓦茨,"助教特里特曼说,"我起初的反应是很诧异,科比究竟怎么了,他想干什么?不就是一场三对三吗?连正式的训练赛都算不上,至于这么计较吗?直到后来,我终于想明白了,科比能够在比赛中那么出色,因为他的性格、他的态度确实与众不同。"

无论赞美也好,争议也罢,科比在个人荣誉和团队成绩上,都给他的高中生涯送上了完美终章。接下来,科比必须对另一个问题给出答案了。

大学,还是NBA?

PART 2

厚积薄发
紫金之巅

第 1 章

到来，
洛杉矶之子

1996年4月29日，劳尔梅里恩高中体育馆，数百名学生和老师涌入馆内，ESPN（Entertainment and Sports Programs Network，娱乐与体育电视网）、《纽约时报》等媒体记者到场，这里将举行一场新闻发布会，科比要宣布他的决定。

科比穿着一件棕色西服到场，这套衣服是乔的，代表着父子之间的一种传承。科比新剃了光头，戴着一副太阳镜，脸上洋溢着笑容，边走边和到场的亲友打招呼。

"我，科比·布莱恩特，决定将自己的天赋带到……"科比在麦克风前，将自己的选择公开，他故意把话说到一半停了下来，带动现场的气氛，虽然刚刚高中毕业，但科比已经有一种明星范儿。

馆内的师生与记者被科比这个停顿逗乐了，科比环视一周，笑着说道："**我决定跳过大学，将天赋带到NBA。**"

对于科比的这个决定，他身边的人丝毫没有感到惊讶，因为无论从职业教练、球探还是球员的建议中，科比都得到了可以跳过大学这道程序的鼓励，瓦卡罗领衔的赞助商团队也持相同的看法，不必将天赋浪费在NCAA，NBA才是他施展才华的天地。

与之前从高中直升NBA的球员不同，科比不缺钱，乔已经前往大学执教，家里的经济状况已经有所改善，科比的学习成绩也没有任何问题，他的SAT（高中毕业生学术能力水平考试，也称"美国高考"，总分为1600分）分数达到1080，可以加入任何想去的学校。科比就是觉得NCAA这个环节没必要，他需要征服的是NBA，而不是大学篮球。

另外，科比还有一个动力，他希望能够早一些进入NBA，能够与乔丹同场竞技。乔丹在1994—1995赛季复出，1995—1996赛季带领芝加哥公牛队打出常规赛72胜的战绩并拿到总冠军。科比小时候最喜欢的球星是"魔术师"约翰逊，但在回到美国之后，科比最关注的是乔丹，因为乔丹和他都是得分后卫，并且技术风格十分相似。

更重要的是，乔丹是公认的NBA历史第一球星，这也是科比的目标。

进入NBA的决定已下,接下来的问题是科比会去哪支球队呢?

1996年选秀卧虎藏龙,拥有状元签的球队是乔的老东家费城76人队,他们的球探托尼·迪里奥对科比印象很深,推荐管理层选科比,但时任球队总经理布拉德·格林伯格更看好阿伦·艾弗森或者斯蒂芬·马布里,不想将一个状元签用在高中球员身上。

迪里奥还向格林伯格提出另一个方案,那就是用斯塔克豪斯去换一个乐透签,然后用这个签选科比。如果当时费城76人队真这样做了,他们有可能拥有"艾弗森+科比"的后场组合,但格林伯格不愿放弃斯塔克豪斯。

这并非格林伯格没有识别人才的慧眼,而是那个时代大学生球员才是选秀的核心层,大多数球队的想法是一样的,与其赌一位高中生的天赋和潜力,不如稳

稳选一名大学生，至少即战力更好。

拉里·哈里斯是密尔沃基雄鹿队的球探，当时他们拿到4号签，哈里斯考察过科比的比赛，他知道科比很强，但并不建议球队选科比："科比在当时的高中篮坛是独一无二的，是最棒的，但那届候选新秀中有多位来自大学的顶级天才，你很难做出用排名靠前的选秀签去获得一位高中生的决定。"

并非所有拥有乐透签的球队都持相同的观点，获得8号签的新泽西篮网队就对科比十分感兴趣。来自大学的名帅约翰·卡利帕里刚刚就任新泽西篮网队的主教练，并兼任球队副总裁，约翰·纳什是球队的总经理，他们对科比进行了三次试训，越来越满意，计划用8号签去选，纳什给科比的经纪人阿恩·特勒姆打电话，将这个决定通知科比方面，却得到了意外的回复。

"特勒姆告诉我这事没戏。"纳什说。

纳什十分不解，因为他之前已经与科比的父母见面，双方聊得很好，乔与帕梅拉赞成科比去新泽西打球，这距离与特勒姆通电话才过了24个小时，情况怎么突然向反方向发展了？

纳什从特勒姆那边得到的解释是科比与父母意见不同，他不想在新泽西效力，与此同时，卡利帕里接到科比本人的电话，科比重申了不愿加盟新泽西篮网队的态度，并且表示如果非要选他，宁可回意大利。

卡利帕里刚从大学来到NBA，对于这个联盟的复杂性还不了解，但纳什经验丰富，他意识到背后一定发生了什么，否则科比不会态度这般强硬。通过自己的关系网，纳什了解到真相，科比的团队已经与洛杉矶湖人队总经理杰里·韦斯特谈妥，韦斯特会换来一个乐透签选科比。

洛杉矶湖人队，1996年时已经拥有11座总冠军奖杯的篮球豪门，但在当时，这支球队陷入了尴尬的境地。"魔术师"约翰逊短暂复出以季后赛首轮出局告终，他们的天赋等级已经距离冲击总冠军非常远，韦斯特作为球队掌舵人，渴望获得可以改变球队命运的球员，他在1996年夏天全力争取沙克·奥尼尔加盟，对于选秀并没有太在意，因为洛杉矶湖人队在首轮只有24号签，这个顺位很难得到救世主级别的球员。

就在这个时候，特勒姆给韦斯特打来电话，希望韦斯特能给科比一次试训机会。特勒姆是韦斯特的好友，对于选秀抱着无所谓态度的韦斯特，决定给老朋友这个人情，他当时也没有预测到这次试训对于洛杉矶湖人队未来二十年意味着什么。

洛杉矶湖人队安排了刚刚率领密西西比州立大学打入NCAA四强的丹特·琼斯与科比一起试训，琼斯是典型的大学球员，身体强壮，技术成熟，经验丰富，但试训仅仅进行了45分钟，琼斯就近乎绝望地躺在地板上，科比打出碾压局，这令韦斯特大吃一惊。

韦斯特决定再安排一次试训，这次他请出了洛杉矶湖人队的防守名将迈克尔·库珀去对位科比，库珀是20世纪80年代防守传奇巨星拉里·伯德效果最好的球员，是一流的防守悍将。这次试训比第一回更短，只打了25分钟，韦斯特就喊停，他站起身，笑着对身边的工作人员说：**"足够了，这个孩子比我们队内任**

何人都要优秀，我们必须用尽一切办法得到他。"

韦斯特知道24号签根本选不到科比，他必须向上交易选秀权，他们与夏洛特黄蜂队达成协议，黄蜂队用13号签选科比，韦斯特将首发中锋迪瓦茨作为筹码交换科比。这笔运作遇到一个麻烦，迪瓦茨不愿离开洛杉矶，他表示宁可退役也不接受这笔交易。

这个波折令韦斯特十分头痛，因为送走迪瓦茨不仅仅关系到换来能得到科比的选秀权，也能进一步清理工资空间，为签下奥尼尔创造条件。韦斯特花了两周时间劝说迪瓦茨，终于说服了这位中锋接受交易安排。迪瓦茨后来回忆起这件事，坦言他改变主意是希望回报洛杉矶湖人队老板杰里·巴斯。

"巴斯博士对我们非常好，我通过与他交流，明白了如果不同意交易，会导致他们得不到科比和奥尼尔，这事关球队未来许多年的发展，所以我愿意做出让步。"迪瓦茨说。

虽然搞定了交易，但洛杉矶湖人队还无法确保选中科比，除非选秀权排在前十二的球队都不选他，尤其是新泽西篮网队，他们的总经理纳什仍坚持选科比，但球队老板认为此举过于冒险，卡利帕里压力非常大，他不想自己刚到NBA就搞砸，在选秀大年用8号签摘下一位已经明确表示不想来的高中生，一旦失败会让卡利帕里丢掉在NBA的工作。

纳什的坚持未能说服球队高层，新泽西篮网队没有选科比，而是获得了来自维拉诺瓦大学的克里·基特尔斯，其他选秀签位排在夏洛特黄蜂队之前的队伍，也与科比擦肩而过。

"挺有意思，我觉得应该设立一个篮球问答，1996年明明可以选却错过科比的那十二支球队都是谁。"科比的高中教练唐纳说。

印第安纳步行者队就是其中之一，他们用10号签选了埃里克·丹皮尔，球队总裁唐尼·沃尔什坦言他们确实犯了错误，但在那个时候，大多数球队还是会用比较好的签位选大学生球员。

"我当时有没有考虑高中生？实话实说，没考虑过。"沃尔什说，"因为那个时代的主流观点是高中生比大学生球员需要更多的时间适应联盟，没有几年是成长不起来的,而很多球队并没有这样的耐心等待他们长大。"

韦斯特如愿以偿得到了科比,他同时还完成签下奥尼尔的计划。在与这位超级中锋签约时,韦斯特说了一番话,奥尼尔在许多年后记忆犹新。

"杰里这样对我说:'沙克,我们得到你,还有一位18岁的孩子,请相信我,你们一定可以合作拿到许多个总冠军。'"奥尼尔说。

第 2 章

挫折，
成功的阶梯

当科比决定跳过大学直升NBA的时候，他并没有征求高中教练唐纳的意见，唐纳并不感到意外，他了解科比不会被他人看法左右的性格，但唐纳对于科比不去NCAA打一两个赛季，而是直接选择NBA，还是有些担忧。

"他虽然看上去很成熟，但还是一个18岁的大男孩，而NBA是成人的世界，他能很快适应吗？"唐纳说。

从夏季联赛来看，科比适应得很快，他场均拿到24.5分，对菲尼克斯太阳队砍下36分，对底特律活塞队拿到27分，时任底特律活塞队夏季联赛主教练金特里感叹道："在我见过的这个年龄段球员中，科比是最棒的。"

科比的偶像魅力也开始展现，当他出现在加利福尼亚州长滩金字塔球馆（夏季联赛场馆），馆内5000个座位全部售罄，据票务方统计还有2000多名球迷提交购票申请却未能买到。

"我记得夏季联赛第一天，球馆内全是人，当科比走上球场，还没有换上比赛服，现场就沸腾了，球迷们高喊他的名字。"洛杉矶湖人队夏季联赛教练拉里·德鲁说，"大家对他的期待是满格的，因为知道他是一个天才球员。"

科比看似很顺利的职业生涯起点，很快就遇到麻烦，他太爱打比赛了，尽管教练和队内老将多次忠告不要再参加一些野球赛，但科比看到有人在打球，就忍不住要参与，结果在威尼斯海滩户外篮球场摔伤了手腕，导致缺席季前训练营，这对于科比是重大的损失。

"科比那时候才18岁，从一位高中生过渡到NBA球员，新秀赛季的训练营是非常重要的，但科比却因伤错过了。"在洛杉矶湖人队管理层担任韦斯特助手的米奇·库普切克说。

祸不单行，科比腕伤刚好，又在季前赛中伤了臀屈肌，他当时做扣篮动作与费城76人队的中锋蒂姆·肯普顿相撞，摔在地板上，再次伤停。这次受伤后，有些郁闷的科比找到队友艾迪·琼斯，琼斯还以为科比是向他请教怎么做可以避免受伤，于是建议科比减少扣篮动作，但科比连忙摇头。

"艾迪，你误会了，我是想让你教我改善扣篮的技巧，怎样做才能在扣篮时与对手身体对抗取得优势，即便没扣进也可以造成犯规。"科比说，"你觉得我因为受伤就不敢扣篮了，开什么玩笑！"

1996年11月3日，科比迎来了NBA生涯首场常规赛。 就在两天前，1996年状元秀艾弗森在生涯首战中轰下30分，证明了选秀大年第一顺位的硬实力。科比的首秀与艾弗森相比要逊色很多，他只打了6分22秒，1投0中没有得分，抢到1个篮板，送出1次盖帽，仅此而已。

赛后，谈到自己这场不成功的首秀时，科比很平静："一场糟糕的比赛不会摧毁我，我知道自己要在NBA打持久战。"

随着新秀赛季推进，科比的平静渐渐被打破，他开始感到迷茫。洛杉矶湖人队的老板巴斯与总经理韦斯特都很重视科比，他们很清楚这个年轻人对于球队的未来有多么重要，但主教练德尔·哈里斯没有兴趣去展望未来，他的任务是把握现在，要立即赢球，而不是培养新秀。

科比在哈里斯手下连基本位置都难以确定，他在新秀年打过控卫、得分后卫和小前锋，上场时间七零八落，有时候能打二十几分钟，有时候一秒钟都上不了。让科比感到不愉快的不仅在场上，也在场外，他与队友之间仿佛有一层屏障，根本原因在于成长环境不一样，难以产生共鸣。

奥尼尔说："你知道吗？科比大概会说七国语言，他喜欢看书，喜欢学习，成绩优异，见多识广，从未经历我们成长过程中的那些破事儿，他的独特真不是装出来的，他就是和我们不一样。"

对于自己的"不一样"，科比也曾有所动摇，尤其是直升NBA这个不寻常之路。他有时候会开车来到UCLA（University of California, Los Angeles，加利福尼亚大学洛杉矶分校），停在校园门口，看学生们来来往往，想象着如果自己选择去大学打一两年会是怎样的状况。不过，这样的困惑对于科比只是短暂的，脱离想象回到现实中的他，仍是一往无前。

想要打动教练，唯有刻苦训练，这是科比的信条，他的训练强度让当时已经入选NBA历史五十大巨星的奥尼尔惊讶不已。 "我们一般上午10点开始训练，我会在9点钟来到球馆，而科比7点就到了，"奥尼尔说，"天天这样，从未间断过，早来晚走是他的习惯，比我们所有人都更勤奋。你看到他的训练，就能预感到这个孩子一定能出人头地。"

尽管遭遇挫折，但科比的信心并未动摇，他主动找到哈里斯教练提出了一个要求。

"科比来找我，说他有自信能通过一对一的方式撕开任何人的防守，问我能否让奥尼尔在比赛中增加高位掩护的次数，给他腾出单打突破的空间。"哈里斯说，"我告诉科比，在他真正证明自己的实力之前，这是不可能的。"

哈里斯后来回忆起当时的情况时透露，他对于科比确实有些过于苛刻，那是因为队内很多老将在盯着科比，他们怀疑这个新秀获得了管理层的优待，哈里斯如果真的给予科比一些特权，势必会造成内讧，所以他必须压一压科比上位的欲望。

竞技体育残酷而真实，一切用比赛说话，科比在等待这样的机会，在1996—1997赛季西部半决赛第五场，机会来了。当时洛杉矶湖人队总比分1∶3落后于犹他爵士队，如果这场比赛输球，湖人队就被淘汰了。奥尼尔在第四节还剩1分46秒时被罚出场，紧要关头需要有人挑大梁，科比主动请求执行关键球。

"当时我们围成一圈，科比看着我说：'教练，如果你把球给我，我一定能投进。'"哈里斯说，"如果那场比赛重新打一次，我还是会选择让科比去投，因为就一对一而言，他确实是我们队内最好的。"

然而，那个夜晚不属于科比，他在加时赛投出三个"三不沾"，洛杉矶湖人队以93∶98输掉了比赛，被犹他爵士队淘汰。 那场球是在盐湖城举行，科比随队返回洛杉矶后，回家放下行李，马上就前往附近的一所高中的体育馆加练投篮，当时已经是凌晨三点，科比请负责早上清洁的工人打开球馆，在里面练了一整天。

"那场比赛对我的职业生涯非常重要，我投了几个'三不沾'导致球队输掉比赛，那个场景一直存放在我的脑海里，当我感到疲倦或者灰心丧气的时候，就会把那场比赛从记忆库里提取出来，鞭策自己。"科比说，"同时，那次失利也让我明白自己的不足究竟在哪里，投出'三不沾'并非投篮的问题，那几个球的轨道都是正常的，并没有投偏，但是我投短了，因为我力量不够。高中一个赛季打

30多场比赛，而在NBA比赛场次增加很多，我累垮了，没劲，这不行，我必须让自己强壮起来。"

当1997—1998赛季开始的时候，队友们惊讶地发现科比换了一套造型，他留起山羊胡子，还做了一个爆炸头，看上去很有20世纪70年代的风格。新秀赛季场均只打了15分钟，场均只有7.6分的表现让科比非常失望，但这也成为鞭策他的动力。整个休赛期，科比都把自己关在球馆里训练，等到训练营开始，他的变化不仅仅是头型与胡子，还有增加了肌肉的体形，以及进一步强化的进取心。

"科比就像一个冷血杀手，完全不讲情面，"洛杉矶湖人队的训练师加里·维蒂说，"哪怕只是一次在大家看来不值一提的训练赛，科比若是输了也会火冒三丈，然后就是加大训练量，你甚至无法安抚他，因为他有自己的计划，任何人都难以动摇。"

杀气腾腾的科比，开始进入新的发展轨道，虽然他还是替补，但场均上场时间涨到26分钟，场均得分增加至15.4分。 科比的热度开始高涨，他的扣篮频繁出现在ESPN体育中心的集锦中，球迷们为之疯狂，媒体也跟进追逐，这位刚刚19岁、还在替补席的年轻人，获得了"乔丹接班人"的称号。

在乔丹1993年首次退役后，联盟就开始寻找下一个乔丹，格兰特·希尔、"便士"哈达威都曾被冠以这样的期待，但希尔是一位球风优雅的小前锋，"便士"是组织后卫，与乔丹在位置上都不一样，而科比无论身形还是打法，都更像乔丹，他那种好胜如狂的个性，也与乔丹极度类似。

1997年12月17日，洛杉矶湖人队来到芝加哥，科比获得直面乔丹的机会。乔丹在这场比赛中交出36分的表现，替补上场的科比拿到33分。乔丹展示了联盟第一人的绝对实力，低位背打，后仰跳投，中距离投射，技术动作已臻化境；而科比初生牛犊不怕虎，一招一式已有乔丹的影子，尤其他在乔丹的防守下命中的那记转身跳投，让乔丹也赞不绝口。

"能够与这样一位才华横溢的年轻人对决，让我感到非常兴奋。"乔丹说。

更令乔丹惊讶的是，在第四节一次暂停的时候，科比走过去向他请教低位背身的脚步动作。比赛结束后，科比也没有走，他在球员通道外等着乔丹，继续拜师学艺。

"迈克尔通常需要一个多小时才会出来，他需要洗澡，换衣服，接受一些治疗，等到人群散去才离开，那时候球馆内已经没有多少人了，但科比还在那里等着。"乔丹的训练师格罗夫说，"科比向迈克尔请教技术和训练方面的问题，几乎每次见到迈克尔的时候都会这样做。其实找迈克尔学技术的球员有很多，但绝大多数无法按照迈克尔给他的训练计划坚持下来，因为强度太大，而科比乐此不疲，迈克尔教给他的越多，他想要学的就越多。"

科比的态度让乔丹感动，他将私人电话号码给科比，这是一个重要的信号，这位NBA历史最伟大的球员，从科比身上看到了稀有的篮球品格。

"想要获得迈克尔的号码，你要通过他的考核，得到资格。"格罗夫说，"迈克尔一定是在科比那里看到了一些让他赞赏的东西，否则他不会接科比的电话。"

1997—1998赛季关于乔丹与科比的传承，在1998年全明星赛达到高峰。还在洛杉矶湖人队打替补的科比，被球迷选入全明星首发阵容，那届比赛在纽约麦迪逊广场花园球馆举行，篮球圣地，"乔丹PK科比"，火炬交接，造势如烈火烹油。

赞助商将科比的广告挂满纽约街头，NBA官方也让科比的海报随处可见。在全明星赛之前的圆桌采访环节，科比那一桌水泄不通，让其他见惯大场面的明星球员也目瞪口呆。"简直就是一场风暴。""便士"哈达威说。

那届全明星赛洛杉矶湖人队除了科比之外，还有奥尼尔、艾迪·琼斯、尼克·范埃克塞尔入选，但NBA在宣传洛杉矶"四星连珠"时，大部分镜头都给了科比，连同样是全明星首发的奥尼尔都成为陪衬。

舞台已经搭建完毕，就等着主角表演了。面对乔丹，科比斗志满满，主动发起进攻，360度转体灌篮，空接飞扣，翻身跳投，篮下小勾手，科比的动作融合了力与美，向乔丹递交了"挑战书"。

"我拿出攻击性，他也如此，"科比说，"我就是想要一场真真正正的较量，

尝试用不同的方式向他发起进攻，然后看一看他如何回应，这对于我是一个学习过程。"

在比赛中发生了一个小插曲，犹他爵士队球星卡尔·马龙主动上前给科比做掩护，但科比却挥挥手让马龙走开："让开！我要和迈克尔单挑，我自己能搞定。"

科比这种"嚣张"让乔丹也斗志昂扬，原本乔丹因为感冒计划着全明星赛打一打就收兵，但科比的强硬令乔丹燃起迎战的欲望，他拿到23分，率领东部队取胜，当选MVP。

"我因为感冒之前三天都卧床休息，根本没想拿MVP，但科比带来那种让我兴奋的竞争气氛，我可不想被他打败。"乔丹说。

科比得到18分，整个第四节都被西部队主教练乔治·卡尔摁在板凳上，这届全明星赛在当时被认为是乔丹退役前最后一次参赛，科比有些过于活跃，虽然这符合NBA市场营销的要求，但教练需要控控场，避免有人太"抢戏"，科比也明白这个道理。

"这是传统，我挺开心的，坐在板凳上看老将们的表演，向他们学习。"科比说，"这是我第一次打全明星赛，能够欣赏迈克尔的赛场演出，那真是一种心旷神怡的享受。"

全明星赛是一场秀，在这场秀结束后，科比和洛杉矶湖人队要回到现实中来。虽然他们在常规赛拿到61胜，季后赛前两轮淘汰了波特兰开拓者队与西雅图超音速队，但在西部决赛遭遇犹他爵士队时再一次迷失了，直接0:4被横扫。奥尼尔在赛后暴怒，砸了更衣室，还将卫生间的小便池拆了下来，奥尼尔难以接受这样惨痛的失败，但他发现并非每个队友都是这样的态度，除了科比。

"我疯了，愤怒至极，科比也是一样怒火中烧，但范埃克塞尔和琼斯他们却在讨论去拉斯维加斯度假的事情，我明白并不是每个人都像我和科比这样在乎胜利。"奥尼尔说。

1998年休赛期，乔丹退役，NBA因劳资纠纷停摆，常规赛缩水到50场。漫长的停摆期让很多球员身材管理失控，曾经的全明星球员肖恩·坎普与文·贝克就是反面典型，但科比出现在洛杉矶湖人队训练营的时候，却是近乎完美的身形，肌肉更加饱满，技术运用也更加稳定。

在NBA生涯第三个赛季，科比的进步有目共睹，他成为球队首发，交出场均19.9分、5.3个篮板、3.8次助攻、1.4次抢断的成绩单，入选赛季最佳阵容第三队，这代表着科比已成为那个赛季全联盟最优秀的15名球员之一。

但与此同时，队友们发现一个大问题，科比与奥尼尔的关系开始恶化，他们之前虽然不是密友，私交最起码还说得过去，但随着科比进入生涯崛起时段，他和奥尼尔在性格上的差异被放大，争当球队老大的矛盾更是越来越大。

科比认为奥尼尔训练懒散，尤其是休赛期太贪玩，奥尼尔觉得科比打球太独，缺乏团队意识，两人的冲突终于演化成1999年1月的"掌掴事件"。

这件事有多个传闻版本，其中之一是科比在训练中有意找奥尼尔单挑，一些戏耍风格的动作激怒对方，奥尼尔扇了科比一巴掌。对于这样的说法，现场的洛杉矶湖人队球员给予部分否认，两人发生口角并有身体冲撞是真，但掌掴就有些夸张了。

湖人队后卫德里克·费舍尔说："那就是一次身体对抗，怒火被点燃了，发生了一些不友好的事情，可以看出他们之间有一些负面的情绪，但绝对没有扇巴掌。"

队内呈现乱象的洛杉矶湖人队，1998—1999赛季开局6胜6负，哈里斯下课，库特·兰比斯接管教鞭。兰比斯在队内人缘很好，但作为老好人的他根本控制不住球队的更衣室，虽然洛杉矶湖人队以31胜19负顺利进入季后赛，却在第二轮被西部新贵圣安东尼奥马刺队横扫。

科比和奥尼尔已经合作三年，可韦斯特当初承诺的多个总冠军仿佛镜花水月，洛杉矶湖人队的天赋溢出，却无法转化成冲冠的推动力，这支球队需要改变，需要找到一个领路人，让"OK组合"减少争吵，真正意识到想要成功需要彼此，并形成赛场组合拳。

这个人，是谁呢？

第 3 章

霸业，
三连冠王朝

1999年6月，贝弗利山庄希尔顿酒店，菲尔·杰克逊正在准备就任洛杉矶湖人队主教练的演讲稿，门铃响了，杰克逊打开门，科比出现在他的眼前。

"你好，教练，欢迎你来到洛杉矶。"科比说。

对于聘请杰克逊执教，韦斯特心情很矛盾，一方面他知道杰克逊是最适合这支球队的，这位名帅曾带领芝加哥公牛队两次完成三连冠，让NBA历史单打能力最强的乔丹愿意牺牲部分球权融入三角进攻中，但另一方面，杰克逊在芝加哥执教后期，已经有了与管理层对抗的趋势。韦斯特有些犹豫，但巴斯不愿再等，他厌倦了所谓的量变，需要夺冠这个质变。

在上任后的首堂训练课上，杰克逊将球员们叫到身边，指了指奥尼尔说："沙克，你是这支队伍的核心，我们打三角进攻要从低位发起，每回合球都要过你的手。"

然后，杰克逊又指了指科比："你是外线的领袖，三角进攻需要空间，没有你就无法运行。"

接下来，杰克逊提高分贝："沙克与科比，你们一定要明白，想夺冠，就要彼此依靠。"

要搞好团结之类的话，哈里斯与兰比斯之前也不是没有说过，但科比和奥尼尔全当耳旁风，而当"公牛王朝"的主教练这样讲时，两位球星都能虚心接受，这就是洛杉矶湖人队请来杰克逊的原因，其他教练难以做到的事情，在他那里轻而易举。

1999—2000赛季，是"OK组合"真正形成合力的一年，一外一内两种卓越的天赋开始融合，形成了惊人的战斗力。 虽然在这个过程中双方还有分歧，需要杰克逊从中调和，但大方向上两人一致，合则天下无敌，分则失败出局，他们不想再输，他们渴望胜利。

"我们之前也具备很不错的个人能力，但整体上是一盘散沙。"费舍尔说，"在菲尔来之后，我们变得全神贯注，无论他说什么，我们都会听从，然后照做，这样的精神让这支球队成了一部严密的战斗机器。"

洛杉矶湖人队在常规赛拿到67胜，奥尼尔场均29.7分、13.6个篮板、3.8次助攻、3次盖帽，成为得分王，当选常规赛MVP。科比NBA生涯首次赛季场均得分超过20分，场均贡献22.5分、6.3个篮板、4.9次助攻、1.6次抢断，不但入选赛季最佳阵容第二队，还进入最佳防守第一队，在攻守两端都展现出强大的掌控力。

洛杉矶湖人队在季后赛前两轮先后击败萨克拉门托国王队与菲尼克斯太阳队，与波特兰开拓者队会师西部决赛。洛杉矶湖人队迅速取得总比分3∶1领先，但顽强的波特兰开拓者队连追两场，系列赛拖入抢七大战。这场生死战第四节结束前10分28秒，波特兰开拓者队拥有15分领先优势，洛杉矶湖人队似乎又要重演之前几年的崩盘场面，但这一次"OK组合"站了出来，带领队友奋起直追，两人在第四节合砍18分，比波特兰开拓者队全队第四节得分还要多5分，洛杉矶湖人队将战局逆转。

波特兰开拓者队在这场比赛中长时间采取对奥尼尔的包夹战术，随着科比在第四节带领外线队友打开火力，波特兰开拓者队不得不调整防守，将防线外移，科比见招拆招，与奥尼尔联手奉送季后赛历史经典一刻。**终场前41秒，科比变向突破撕开斯科特·皮蓬的防守，直扑禁区，奥尼尔此时就在篮下，科比没有单干，而是将球抛向空中，奥尼尔以雷霆万钧之势接力暴扣，这一球让湖人队的领先优势扩大到6分，也彻底"点燃"了斯台普斯中心。**

"当科比运球杀过来的时候，我们进行了眼神交流，他明白我的意思，把球抛了过来，我顺势起跳完成这次扣篮。"奥尼尔说，"科比让我获得这次轻松得分的机会，他是一位伟大的球员。"

洛杉矶湖人队在1999—2000赛季总决赛的对手是印第安纳步行者队，奥尼尔在第一和第二场分别砍下43分、19个篮板与40分、24个篮板，湖人队连胜两场，但糟糕的情况在第二战发生，科比投篮时遭遇杰伦·罗斯垫脚，导致脚踝扭伤。罗斯在12年后接受采访时承认，他当时是故意的。

"如果让我来决定，科比整个系列赛都不能打最好了，这样我就有总冠军戒指。"罗斯说，"我那次是有意的，你不能说那是意外。"

脚伤让科比在第二场只打了9分钟，他在第三战之前主动请缨，但被主教练拒绝。"科比请求我派他上场，但我看到他当时只能依靠脚趾的力量站起来，脚踝非常疼，虽然他有着强烈的求战欲望，我还是觉得这样太冒险了。"杰克逊说。

失去科比的洛杉矶湖人队，输掉第三场，总比分被追到1∶2。当时总决赛的赛制是2-3-2，一旦洛杉矶湖人队拿不下第四战，总比分被追平，考虑到第五场还在印第安纳波利斯打，就有被对手总比分反超的危险。

虽然科比脚伤尚未痊愈，但他再次请战，杰克逊考虑到比赛的重要性，允许科比上场。这场比赛十分激烈，两队拼到加时赛，奥尼尔六次犯规被罚下。**奥尼尔十分懊恼地坐在板凳上，科比走到他的身边："大个子，别担心，有我呢。"**

科比的脚踝仍有很强烈的疼痛感，他整场比赛都难以获得突破需要的爆发力，他调整出手的方式，靠干拔跳投击破对方的防守。"当时我就在场边，科比的脚踝情况其实挺糟糕的，他甚至无法突破，所以当奥尼尔被罚下，我们都觉得洛杉矶湖人队这场可能会输。"篮球记者里克·布赫说，"但是，科比想的和我们不一样，他认为这正是自己展示能力的好机会，科比面对这样的情况永远是信心充沛。"

凭借着科比的跳投，洛杉矶湖人队取得领先，但优势并不牢固。终场前28秒，两队差距只有一分。布莱恩·肖突向禁区投篮遭到干扰，脚踝仍在作痛的科比在人群中飞身而起，把球补入篮筐，杀死了这场比赛。

洛杉矶湖人队在加时赛得到16分，其中8分来自科比，他在加时赛期间5投4中，成为扛起球队的那个人。赛后，杰克逊说："科比的表现给我留下了深刻印象，这场比赛之前，科比的脚踝还是很疼，但他表示能够坚持，这是我第一次见证他对疼痛竟然能有那么大的忍耐力，他不会让任何挫折妨碍自己。那一晚，他让我想起了乔丹。"

不服输的印第安纳步行者队在第五场挽救了赛点，系列赛回到洛杉矶。"OK组合"联手出击，奥尼尔轰下41分、12个篮板，科比贡献26分、10个篮板，印第安纳步行者队在前三节将比分紧紧咬住，科比与奥尼尔在第四节给出回应，之前十分讨厌提到高位做掩护的奥尼尔，一次次作为"人墙"为科比挡开防守人，科比运球突击与奥尼尔联手制造杀伤，两人在第四节合砍21分，洛杉矶湖人队在这一节赢了10分，将胜利收入囊中。

当终场哨响起，无比兴奋的科比扑向奥尼尔，一头扎入这位搭档的怀中，奥

尼尔泪流满面，与科比紧紧相拥。

他们，终于夺得总冠军了。

齐心协力冲冠的过程，可以掩盖很多问题；而在夺冠目标达成后，也会暴露很多问题，2000—2001赛季的洛杉矶湖人队就是如此。

经验丰富的杰克逊预判到球队会出现懒散懈怠的情绪，但没有料到会那么严重，首先就是从奥尼尔开始，这位上个赛季包揽常规赛和总决赛MVP的超级中锋，休赛期吃喝玩乐身材走样。

杰克逊说："我在上个赛季夺冠后告诉沙克，假期放松一下自己，然后等到训练营开始的时候做好卫冕准备，结果沙克非常充分地执行了我的第一个要求，对于第二个根本没做。"

科比是洛杉矶湖人队阵中为数极少在夺冠后依旧勤学苦练的球员，他在休赛期每天投篮2000次，以卓越的竞技状态开启新赛季。在常规赛前20场比赛中，科比12次得分30+，其间包括一波连续4场35+，2000年12月6日对金州勇士队一战狂砍51分。

当时间跨入2001年，科比一度在联盟得分榜上领跑，而奥尼尔还在找状态。杰克逊找到科比，希望他能够让进攻向奥尼尔那边倾斜，帮助奥尼尔进入理想的比赛节奏，这个要求让科比很恼火。

"为什么我在休赛期刻苦训练，在比赛中打出好的表现，你却让我压制进攻欲望？" 科比很强硬地回应杰克逊，"我应该做的是增加进攻，因为我的能力更强，你为什么反而要降低我的球权？如果我在别的地方打球，会有更好的数据。你为什么不要求沙克打得好一点，他如果罚球命中率能有70%，比赛就简单多了。"

科比这番话很快传到奥尼尔耳中，他找到杰克逊和洛杉矶湖人队新任总经理库普切克，半愤怒半认真地要求交易。虽然交易这件事并未成真，但奥尼尔与科比的矛盾已经激化，最严重的时候，不但两人之间零交流，还殃及他人。如果一位记者采访了科比，那他就别想采访奥尼尔，同样科比也排斥与奥尼尔对话的媒体人员。队内的员工也感受到异常紧张的气氛，若是哪位训练师给科比绑绷带，奥尼尔一定不会用这个人帮忙，而是找其他训练师。

这样的分裂状态让杰克逊感到痛苦，他将2000—2001赛季称为执教生涯最难的一年，甚至要超过他在芝加哥的最后一季。但随着常规赛进入收尾阶段，戏剧性的情况发生了，科比与奥尼尔之间剑拔弩张的硝烟味突然散去，两人虽然远谈不上什么赛场兄弟情，但至少可以正常交流了，不再互相排斥。

局面的扭转与两件事直接相关。一是科比在2001年4月与瓦妮莎结婚，尽管两人的结合遭到科比家人的反对，但科比坚持迎娶这位一见钟情的女孩，这是属于他们的幸福时光，而幸福的人会抛开那些烦恼的东西，最起码暂时抛开了。

第二件事是科比受伤了，他的脚踝、手指和肩膀都出现了问题，不得不进入休战状态；而奥尼尔通过赛季上半段的调整渐入佳境，以连续11场得分30+为常规赛收官，这样的表现触动了在场边观战的科比。

"我们当时能感觉到，科比在场边看到沙克打得这么好，他意识到如果两人能再次形成合力，会无坚不摧。"队友里克·福克斯说，"这两个家伙都有着极强的个性，唯一能够让他们暂时放下个性的，就是总冠军。"

科比和奥尼尔就像两个猎手，在常规赛相互竞争，到了季后赛，发现那个"猎物"只有两人齐心协力才能获得。 于是，他们暂时放下自负，重新并肩而战，NBA又归于他们统治。

2000—2001赛季季后赛前三轮，洛杉矶湖人队都是横扫过关。首轮对波特兰开拓者队，科比场均25分。第二轮对萨克拉门托国王队，科比场均35分。系列赛第四场之前，科比的妻子瓦妮莎患病被送往医院，当时正在打客场，科比从萨克拉门托返回洛杉矶陪护，直到瓦妮莎情况稳定，科比才乘坐飞机赶回来参加第四战，拿到48分、16个篮板，带队零封对手。

"只要我上场就会全力以赴，将自己的体力推到极限使用，任何困难都不会阻挡我。"科比说。

2000—2001赛季西部决赛，洛杉矶湖人队遭遇圣安东尼奥马刺队，对手拥有大卫·罗宾逊与蒂姆·邓肯的"双塔组合"，对奥尼尔形成围剿，洛杉矶湖人队需要有人挺身而出击破防守。为奥尼尔解围，科比在系列赛首战就贡献45分、10个篮板，直接将对手干翻在地。

赛后，圣安东尼奥马刺队主教练波波维奇无奈地说："我们的防守体系对于大多数球员是有效的，但科比是例外，我们已经尽力防了，但就是防不住。"

科比在西部决赛打出了场均33.3分、7个篮板、7次助攻的全能表现，面对圣安东尼奥马刺队强硬的防守，投篮命中率达到51.4%，湖人队4∶0战胜马刺队，前三轮以不败的战绩杀入总决赛。

科比在总决赛面对的是他的老朋友——1996年选秀状元艾弗森。艾弗森是2000—2001赛季常规赛得分王和MVP，带领费城76人队在东部经过苦战突围而出，其中第二轮和第三轮都打到抢七大战。

2000—2001赛季总决赛开始前，媒体普遍预测洛杉矶湖人队会再次横扫，但艾弗森却在首战让这样的预测落空，他轰下48分带队在斯台普斯中心虎口拔牙，打破洛杉矶湖人队在2000—2001赛季季后赛的不败金身。

艾弗森在赛后豪迈地说："我感觉自己和这个世界打了一架，我赢了。"

洛杉矶湖人队在2000—2001赛季季后赛首次输球，也是最后一次。科比在第二战首节就拿到12分，全场比赛31分，与得到28分、20个篮板、9次助攻、8次盖帽的奥尼尔联手拿下胜利。第三场来到科比的家乡——费城，科比在第一联合中心面对家乡父老拿下32分，洛杉矶湖人队实现总比分反超。

第四场比赛，科比交出19分、10个篮板、9次助攻的准三双，奥尼尔34分、14个篮板，洛杉矶湖人队再次攻陷第一联合中心，总比分来到3∶1。突然之间，之前还能在费城得到一些欢呼声的科比，成为这座城市的公敌，而他自己也"火上浇油"，在与一位球迷对话时，说出了"第五场要将费城76人队的心脏挖出来"的狠话，被费城当地的媒体曝光，一时间引发众怒。

系列赛第五战，第一联合中心内的球迷向科比爆发出猛烈的嘘声，虽然这并没有影响科比以26分、12个篮板、6次助攻的表现帮助洛杉矶湖人队赢球，湖人队4∶1战胜76人队，实现两连冠，但对于科比的内心是沉重的刺伤。

当球队回到更衣室，其他队友疯狂庆祝时，科比一个人坐在角落，盯着脚下的地板一言不发，直到他的舅舅丘比·考克斯走过来，科比才抬起头，一瞬间眼泪夺眶而出，他压抑许久的情绪这一刻释放了出来。

这一年，科比经历了很多，因为婚姻与家人产生隔阂，与教练、队友之间的是是非非，当他克服这些困难，再次拿到总冠军，却被家乡的球迷狂嘘不止，复杂的情感交汇，让科比五味杂陈、筋疲力尽。

科比说："太累了，这是漫长的一年，发生了太多的事情，我感觉自己被掏空了，无论精神上，还是身体上，都十分疲倦。"

两连冠很难，三连冠更是难上加难。在2001—2002赛季开始后，洛杉矶湖人队弥漫着一种让杰克逊教练十分不安的气氛，杰克逊称之为"冠军队的自以为是"："总冠军球队通常会遇到一个问题，那就是自满自大，这一点在这支湖人队身上体现得尤其明显，球员们觉得随便打打无所谓，他们有一个开关，按下去就能切换到冠军模式。"

连续两年拿到总决赛MVP的奥尼尔，再次进入开赛初期身体状态不佳的局面，体重超过150公斤，左手小拇指在休赛期动了手术，需要时间恢复，脚趾的问题也很严重，同样需要时间调养。

奥尼尔再次进入调整期，球队就得靠科比。让杰克逊稍感安慰的是，之前一年闹别扭的"OK组合"，在这个赛季关系还不错，又回到了合作初期那种有说有笑的状态中。科比高中球衣的退役仪式，奥尼尔还带着队友们去参加，表达对科比的敬意。

2002年1月14日，洛杉矶湖人队在主场迎战孟菲斯灰熊队，这场比赛奥尼尔因为之前与芝加哥公牛队的布拉德·米勒发生冲突被禁赛，科比将奥尼尔的34号写在自己的球鞋上，表达对伙伴的支持，然后前三节攻下56分将对手打崩，第四节没有上场。

"我在来球馆的路上听到沙克被禁赛的消息，决定将他的号码写在鞋上，"科比说，"我给他发了信息。"

信息内容是什么？**"我爱你，兄弟。"** 科比答道。

科比与奥尼尔在性格上的差异客观存在，但三连冠的目标让他们在一段时间内可以放下自我。科比接受杰克逊的要求，减少自己的投篮，他的场均出手从

2000—2001赛季的22.2次降到2001—2002赛季的20次，因此场均得分从28.5分降到25.2分，但他的投篮效率与场均助攻都创造进入NBA以来的新高，NBA生涯首次进入赛季最佳阵容第一队。

在2002年全明星赛中，科比拿到31分当选MVP，但当他举起奖杯时，现场却响起嘘声，因这处场地正是费城第一联合中心，这座城市的球迷还在记恨2000—2001赛季的总决赛。整场比赛，只要科比拿球，就有嘘声响起，虽然他在场上扛住压力拿到MVP，但在走进球员通道，不再有摄像机跟随时，科比的情绪崩溃了。

"我在球员通道看到科比，他靠在角落里哭了，"记者斯库普·杰克逊说，"科比真的受到伤害，我告诉他，这里的球迷只是暂时不理解他，最终会懂他的。"

胜利是抚平创伤的最佳方式，洛杉矶湖人队在季后赛先后淘汰波特兰开拓者队与圣安东尼奥马刺队，与萨克拉门托国王队在西部决赛相遇。2001—2002赛季常规赛，萨克拉门托国王队61胜排名第一，里克·阿德尔曼教练的普林斯顿体系，在迪瓦茨、克里斯·韦伯、迈克·毕比等球星的演绎下如行云流水。

西部决赛前四场，两队战成平手，其中第四战洛杉矶湖人队靠罗伯特·霍里的压哨绝杀才涉险过关。在随后的天王山之战中，毕比终场前8.2秒中投准绝杀，萨克拉门托国王队以1分优势险胜，洛杉矶湖人队被推到出局的悬崖边缘，再往前一步就是万丈深渊。

第六场比赛当天凌晨两点，奥尼尔的电话响了，是科比打来的："大家伙，这场球我需要你，我们一定能创造历史。"

奥尼尔当时也没有睡觉，他与科比一样思考着如何打好这场无路可退的比赛，两人在电话中相互打气。科比赛前接受采访说："输了就出局，但我相信我们能赢，沙克和我的想法一样。"

合则独孤求败的场面再次出现了，科比在第六场拿下31分、11个篮板、5次助攻，奥尼尔41分、17个篮板，带队绝地求生将系列赛带入抢七大战。第七场仍是双剑合璧，科比30分、10个篮板、7次助攻，奥尼尔35分、13个篮板，洛杉矶湖人队在萨克拉门托以112∶106取胜，连续第三年杀入总决赛。

> *"我觉得这个系列赛是很好的磨炼,我们上个赛季一路横扫晋级,从没有这样的经历。这一次鏖战过关,令我们士气正旺,信心十足。"* 科比说。

新泽西篮网队——六年前差一点就选走科比的球队,成为洛杉矶湖人队在2001—2002赛季年总决赛的对手,这个系列赛与之前的西部决赛相比,胶着程度要低很多,只有第三场还算比较激烈。比赛终场前19.1秒,洛杉矶湖人队只领先两分,科比持球突破,杰森·基德与基特尔斯包夹防守,科比运球脱手,但他马上又控住球,随即转身跳投命中,分差来到4分,胜利到来。科比全场比赛得到36分,第四节12分。

对手基德盛赞科比:"伟大的球员,就会有这种伟大的表演。"

兵不血刃,洛杉矶湖人队直落四局,实现了三连冠霸业。第四场拿到25分、8次助攻的科比,赛后穿上了一件乔丹的球衣,24岁的他已在团队荣誉上抵达王朝之巅。

那么,接下来呢?

PART3

单枪匹马
漫卷西风

第1章

决裂，新时代开启

"OK组合"带领洛杉矶湖人队拿到了21世纪的第一个三连冠,正当大家认为这支球队所向披靡要冲击第四冠时,他们却没有冲破三连冠的宿命,正所谓水滴石穿非一日之功,冰冻三尺非一日之寒,从2002—2003赛季开始,"OK组合"开始一步步走向决裂。三连冠之后的那个夏天,奥尼尔的脚趾因为关节炎恶化,造成脚趾根部关节错位,不但影响他的弹跳,而且会导致其他动作的变形,如果彻底治愈需要6个月的恢复时间。当时奥尼尔选择了另外一种方案,只需要3个月的恢复时间,却无法根治。

值得一提的是,在夏末奥尼尔才完成手术,根据《洛杉矶时报》当时的相关报道,奥尼尔整个夏天都沉浸在三连冠的喜悦中而难以自拔,香槟、美女的诱惑让他很难决定立即躺到手术台上。

2002—2003赛季奥尼尔缺席了前12场比赛,当有人问他为什么拖这么久才手术时,奥尼尔回答道:"我在工作时间里受的伤,当然要在工作时间养。"这句话为奥尼尔后来的离开埋下了伏笔。

2002—2003赛季常规赛,24岁的科比场均贡献30.2分、7个篮板、6次助攻、2.2次抢断的全能数据,入选最佳阵容第一队和最佳防守阵容第一队,生涯场均得分首次超过奥尼尔,并且场均出手数比奥尼尔多了5.4次,这时科比已经不甘愿只做球队的二号人物了。

因为奥尼尔赛季前期的缺阵,洛杉矶湖人队前30场比赛输掉了19场,赛季拿到50胜,只排在西部第五位。季后赛首轮,洛杉矶湖人队4∶2力克加内特率领的森林狼队,这一轮系列赛科比的场均出手次数比奥尼尔多了9.5次,进攻中更多是科比和奥尼尔的单打独斗,以奥尼尔为核心的三角进攻打法越来越少。

不是冤家不聚头,第二轮湖人队和马刺队再次相遇,这是两队5年内第4次在季后赛碰面,前四场比赛两队各拿两个主场打成2∶2,天王山之战霍里最后1.6秒三分绝杀不中,洛杉矶湖人队遗憾败北。回到主场的第六战,湖人队被打得毫无招架之力,以28分惨败圣安东尼奥马刺队,邓肯单核带队4∶2终结了"湖人王朝"。

这一轮系列赛圣安东尼奥马刺队将团队配合发挥得淋漓尽致,场均至少有4

人得分上双，而洛杉矶湖人队整轮系列赛陷入单打独斗，科比场均3.7次助攻已是全队最高，再加上"OK组合"貌合神离，奥尼尔受困伤病影响，湖人队的王朝也就此终结，"OK组合"在被淘汰之后，两人拥抱了一下就各自消夏去了。据报道当时的奥尼尔不满科比的个人进攻太多，科比也不满奥尼尔没有选择彻底治愈脚伤。

也正是在洛杉矶湖人队无缘四连冠的夏天，科比遭遇了人生中的最低谷，成为"OK组合"决裂的导火索。

2003年6月26日，科比签下新的代言合同，锦绣前程正要铺开时，却没想到意外发生了。

2003年6月30日，科比住进科罗拉多州鹰郡的一家四星级温泉度假酒店，酒店的前台经理凯瑟琳·菲伯尔接待了他。科比是入住这家酒店最大牌的明星，凯瑟琳·菲伯尔兴高采烈地向科比索要签名，并被科比邀请去房间坐坐，结果第二天凯瑟琳·菲伯尔向警方报案，说科比对她进行性侵。三天之后警方签署对科比

的逮捕令。

科比向警方承认双方有过性关系,但不承认强奸。当时的科比奔波于球场和法院之间,经常在比赛开始前赶到,比赛结束后就不见踪影。瓦妮莎当时坚定支持自己的丈夫,但因为压力太大,导致他们的第二个孩子流产。"我很难接受这个事情,因为我感觉那是我的错。"科比说,"事实就是,这件事情是因我而起,所以我必须去面对这个事情,我一辈子都不能忘掉这个事情。"

最终科比为女方开出了500万美元的天价赔偿支票,双方就此庭外和解,女方撤销民事诉讼,在刑事诉讼方面科比也被宣判为无罪。

虽然事情最终解决了,但科比在警局的审讯内容被恶意曝光,一名警察说科比在审讯中告诉他,科比的一位队友曾遇到过类似情况,也许他应该像奥尼尔那样,当时奥尼尔曾掏出100万美元给女人,让她什么都不要说。一石激起千层浪,奥尼尔因为此事恨透了科比,并反讽道:"这货就是个小丑,自己犯了事被警察抓住却拿我说事,我平时压根不和他搭腔,我想象不出他是如何编出那些话的。"两人在场外非常不友好。

在场内,湖人队管理层一直在试图补强阵容重新冲冠,两手空空的卡尔·马龙以150万美元的底薪加盟湖人队,35岁的加里·佩顿接受了湖人队的中产合同,两人都希望能在洛杉矶湖人队拿到一枚总冠军戒指。**2003—2004赛季开始之前,外界认为湖人队拿到总冠军没有悬念了,并且四巨头率领球队在开局打出18胜3负的战绩,他们有机会去打破公牛队常规赛72胜的纪录。**但随着赛季的进行,马龙和奥尼尔都出现了伤病情况,科比在场外需要往返丹佛和洛杉矶去处理官司,场内则与奥尼尔明争暗斗。

季后赛首轮,科比将怒气全部发泄到火箭队的身上,这一轮系列赛湖人队4∶1轻松取胜,值得一提的是,科比场均出手超过20次,比奥尼尔多了8次,奥尼尔面对媒体的挑拨时,故作轻松地说:"季后赛首轮而已,我们的目标可不仅于此。"

季后赛第二轮,洛杉矶湖人队再次遇到老对手圣安东尼奥马刺队,在这一轮系列赛科比继续疯狂出手,但比赛进行得异常艰险。前四场两队依旧是各自在主

场拿到胜利，天王山之战极具戏剧性，在比赛还剩11秒时，科比命中三分球帮助湖人队反超1分，但邓肯在失去平衡的情况下命中一记中投，圣安东尼奥马刺队重新取得领先，只给湖人队留下0.4秒的时间。马刺队球员已经开始庆祝。也正是这最后的0.4秒，成就了费舍尔，在湖人队发出界外球之后，费舍尔快速将球扔出去，球刚飞离指尖0.4秒就已经走完，但一道完美的弧线之后球稳稳落入筐中，马刺队已经到手的胜利溜走了。

正所谓一年一个轮回，这次的天王山之战换成马刺队惜败，回到主场的湖人队一鼓作气拿下了第六战，湖人队成功完成复仇，晋级西部决赛会师森林狼队。

西部决赛中科比依旧被去年夏天的官司困扰，因为要去参加听证会，赛前1个小时才能赶到更衣室。因为森林狼队的卡塞尔受困背部伤病，湖人队4：2淘汰了加内特领军的森林狼队，这次横在湖人队前面的只剩下底特律活塞队。

虽然这时活塞队并没有如奥尼尔、科比这样的超级巨星，但这支平民球队防守极其凶悍，洛杉矶湖人队在总决赛场均只能拿到81.8分，总决赛首战科比出手27次，但只命中其中的10球，第二战科比强势反弹，拿到33分帮助湖人队通过加时赛取胜，扳平大比分。

总决赛第三场移师底特律，这一战活塞队只让不可一世的湖人队拿到68分，科比在汉密尔顿和普林斯的轮番防守下，仅仅得到11分，最终湖人队20分惨败。在底特律进行的第四场比赛，奥尼尔贡献36分、20个篮板的大号两双，但科比25中8，外线疯狂打铁再次失利，湖人队大比分1：3落后。

可以说第五场对决，湖人队在求胜欲望上已经全面落后活塞队，湖人队在主场大比分1：4丢掉了总冠军。

湖人队丢掉总冠军是多方面的原因，科比和奥尼尔暗自争夺总决赛MVP，科比单打过多，两人并未发挥出最大的战斗力，再加上加里·佩顿遭比卢普斯完爆、卡尔·马龙的受伤等等，导致了湖人队在总决赛的失利，主教练菲尔·杰克逊辞职。

在湖人队输掉总决赛第五战的第三天，科比就向外界宣布跳出合同成为自由球员，奥尼尔也开始向湖人队逼宫要求提前续约合同，面对一场有你没我的厮杀，最终湖人队管理层选择了更年轻的科比，一个月之后湖人队将奥尼尔送到热火队。奥尼尔离开湖人队的第二天，科比和湖人队达成7年1.36亿美元的大合同，要知道当时的工资帽只有4387万美元，这一续约可谓震惊联盟，**"OK组合"也正式分崩离析**。

多年以后奥尼尔谈起离开湖人队的原因，并未谈及他与科比的矛盾，而是说在续约金额上未与球队达成一致才导致自己的离开。

第 2 章

81 分，极致独角戏

"鲨鱼东游"之后，洛杉矶湖人队彻底迎来科比时代，2004—2005赛季，科比场均贡献27.6分、5.9个篮板、6次助攻，善于制造噱头的联盟将圣诞大战的主角变成科比和奥尼尔。迈阿密热火队客场挑战洛杉矶湖人队，这场比赛创造了当时的收视纪录。

仇人见面分外眼红，科比火力全开拿到42分，但湖人队被奥尼尔和韦德带领的热火队完成逆转，首次回到斯台普斯中心，奥尼尔贡献了24分、11个篮板，科比赢了数据，奥尼尔则带走了胜利。

在赛季进入2月份时，湖人队的战绩只有24胜19负，新任主教练汤姆贾诺维奇递交辞呈，一个月之后科比左脚严重扭伤缺阵一个月，紧接着奥多姆和球队主力内线克利斯·米姆纷纷遭遇伤病困扰，湖人队常规赛只拿到34场胜利，11年来首次无缘季后赛，这一季奥尼尔比科比过得好。

或许正是因为2004—2005赛季的挫折，科比越战越勇，这彻底激发了他的斗志和血性。2005—2006赛季，"禅师"菲尔·杰克逊重新执掌湖人队帅位，常规赛变成科比的个人得分表演。27岁的他，技术和体能几乎都达到巅峰，他的攻防能力和对于比赛的影响力是当赛季毫无疑问的联盟第一人。

2005年12月20日，湖人队坐镇主场迎战达拉斯独行侠队，科比在上半场就独取32分，而在进入第三节之后，独行侠队真正的噩梦才到来。在第三节，科比一人里突外投拿到30分，创造队史新的单节得分纪录，湖人队一度领先35分之多。

值得一提的是，科比在第三节结束时拿到62分，比独行侠队全队还多1分，第四节菲尔·杰克逊征询科比的意见看是否还上场，最终科比选择不再上场，科比的个人得分就此定格在62分。**当时很多人讨论：如果科比第四节继续上场，是否单场可以拿到80+的得分？一个月之后科比告诉了所有人，他可以。**

2006年1月22日，依旧是在斯台普斯中心，湖人队迎战多伦多猛龙队，今天正好是科比的女儿和已逝外公的生日，赛前，科比邀请外婆来观战。虽然科比刚跟医生交流了膝盖疼痛的问题，但没想到几个小时之后，他就奉献了21世纪以来NBA联盟最极致的个人表演。

比赛开始后湖人队一直是落后的一方，科比上半场拿到26分，但球队落后两位数的分差，让主场球迷嘘声四起，或许是球迷的嘘声激怒了科比。

湖人队最多落后18分，奥多姆上半场1分未得，科比化身救世主，不断地通过中远距离跳投去终结进攻。当时的猛龙队主教练米切尔，对于科比的防守策略就是让科比自己得分，不让其带动队友，主防科比的皮特森建议夹击防守科比，米切尔并未听从其建议。

在第三节还剩1分钟时，科比抢断卡尔德隆，快攻扣篮打进，这一球帮助湖人队87∶85完成反超。这一节科比疯狂砍下27分。之后猛龙队开始夹击科比，但丝毫没有效果，科比的手感已经彻底进入杀神模式。第四节科比继续用一次次美如画的跳投去消磨对手的心态，这一节科比独揽28分，湖人队122∶104逆转猛龙队。**科比出战42分钟，46投28中，三分球13投7中，罚球20罚18中，狂砍81分，半场55分、全场81分，成为张伯伦单场100分之后的NBA第二神迹。**

对于单场81分的表演，名帅乔治·卡尔说道："今天的科比，就算是耶稣来防

守都会有问题。"独行侠队老板库班更是被科比的表演所折服:"谁才是NBA的超级巨星?我认为只要是这个人想得分,他就能毫无忌惮地得分,德克不错,但是科比更让我咋舌。"

科比自己回忆起比赛最后几分钟时说道:"最后几分钟我感觉怪怪的,所有人都在看着我,好像就只有我能投篮一样,其他人投篮都会被嘘声淹没。所有人都等着见证历史,球员自己也能感受到其中澎湃的激情,你只需要保持节奏别被打乱,享受那个时刻即可。"

科比拿到81分的那个夜晚,麦迪面对活塞队拿到个人当赛季最高的43分,艾弗森面对加内特领衔的森林狼队,狂砍39分,雷·阿伦领衔的超音速队通过双加时击败纳什领军的太阳队,但那晚全世界体育的头条只属于科比。

2006年2月份,科比场均可以拿到43.4分,整个赛季出战80场比赛,其中有27场得分40+,赛季场均35.3分,当选2005—2006赛季得分王,并入选年度最佳防守阵容一队。这一年的洛杉矶湖人队,当科比在场时,进攻联盟第三;科比不在场时,湖人队进攻联盟倒数第一。

在科比的带领下,湖人队比上个赛季多赢了11场比赛,以西部第七的成绩进入季后赛,首轮的对手是常规赛MVP纳什领军的菲尼克斯太阳队。

这是极致个人主义与团队篮球的碰撞,孤独而又无比强大的科比,体会到了艾弗森在2000—2001赛季总决赛时的无助与落寞。

系列赛第一战,菲尼克斯太阳队在主场就给了湖人队当头一棒,以5分险胜,但之后的三场系列赛湖人队全部取得胜利。尤其是系列赛第四战常规时间最后7.9秒,科比面对拉加·贝尔的防守,用一记上篮将太阳队逼进加时赛。

加时赛最后11.7秒,太阳队98:97领先,湖人队手握最后一攻的机会,科比在马里昂和贝尔的双重防守下,在右侧45度中投绝杀太阳队,湖人队大比分3:1取得领先。

然后,科比还是感受到团队篮球的强大。

破釜沉舟的太阳队在第五场系列赛17分大胜湖人队,第六战科比狂砍50分,

PART3 单枪匹马 漫卷西风

但纳什带领太阳队四人得分20+，再胜湖人队。

抢七大战回到太阳队主场，纳什带领球队打出16∶6开局，轮换阶段巴博萨带领太阳队打出8∶0高潮，湖人队这边只能科比一人苦苦支撑，三节结束时多点开花的太阳队已经领先25分之多，倔强的科比在下半场只出手了3次，他也因此受到指责。

最终科比在这一轮系列赛未能力挽狂澜，只留下个人主义的悲情。

这个赛季东部季后赛，奥尼尔辅佐韦德，迈阿密热火队一路杀到总决赛，奥尔尼拿下生涯的第四个总冠军。

第 3 章

留守，巴斯的承诺

2006年的夏天，科比进行膝盖手术，随后宣布新赛季将自己球衣号码由8号改为24号，24号是他上高中时的第一个球衣号码，对于更换球衣号码，科比说：

"24号的意义就是24小时，我希望把自己的所有精力都投入到篮球当中，这就是我选择24号的原因。如果不能全身心认真投入，我就不是科比。24是我的最佳诠释。"

身穿24号球衣的科比，带领湖人队在2006—2007赛季开局打得相当出色，前21场比赛湖人队赢下其中的15场，要知道这支球队的二三号人物是奥多姆和卢克·沃顿。随着赛季的进行，奥多姆和卢克·沃顿接连伤停，湖人队的战绩也是一落千丈，并且科比还卷入一系列的球场事故中。

2007年1月28日，洛杉矶湖人队和圣安东尼奥马刺队比赛的最后时刻，科比在投出一记可能制胜的跳投后，手肘打在马刺队后卫马努·吉诺比利的面部。联盟认定科比向后挥动手臂是"一个反常的动作"，被禁赛一场。之后在3月6日，科比又重复了这样的动作，而这一次打到明尼苏达森林狼队后卫马科·贾里奇，第二天NBA给科比开出禁赛一场的罚单。解禁后的首场比赛，科比又肘击到凯尔·科沃尔的面部，赛后该行为被追加为一级恶意犯规。

战绩下滑、多次受到禁赛困扰，但这一切都无法掩盖科比的伟大。

科比在2006—2007赛季，职业生涯第九次入选全明星赛首发阵容，生涯第二次获得NBA全明星赛最有价值球员奖。在全明星赛之后，科比再次上演个人得分表演。在3月16日，湖人队主场对阵开拓者队的比赛中，科比拿到赛季最高的65分，帮助湖人队结束7连败，这是仅次于单场81分的个人表演。接下来的比赛湖人队对阵森林狼队，科比拿到50分，之后一场比赛科比在湖人队战胜孟菲斯灰熊队的比赛中拿到60分，成为第二位连续3场得到50+得分的湖人队球员。

时间仅仅过去一天，洛杉矶湖人队对阵新奥尔良鹈鹕队的比赛，科比再次拿到50分，成为历史上第二位连续4场得分50+的球员，第一位是张伯伦。这一季科比10次拿到50+，成为继张伯伦在1961—1962赛季和1962—1963赛季后唯一能在单赛季达此成就的球员，科比在赛季后半段的得分表演，让他以场均31.3分再次拿到常规赛得分王，湖人队磕磕绊绊地以西部第七的战绩打进季后赛。

湖人队在第一轮面对的依旧是上个赛季的老对手太阳队，手握主场优势的太阳队先赢两场，尤其是第二战大胜湖人队28分之多。系列赛第三场，回到斯台普斯中心，湖人队以6分的优势扳回一局，但之后太阳队再次连赢两场，湖人队1∶4连续两年遭菲尼克斯太阳队淘汰。比赛结束时，科比微笑着祝贺纳什，与斯塔德迈尔拥抱，此时他明白了一个道理：湖人队靠他自己不可能夺冠。

2007年的夏天，《洛杉矶时报》的一篇文章成为科比逼宫的导火索，文章中爆料，湖人队的一名内部人士认为科比应该为近几年湖人队的低迷负责。这篇报道可谓激怒了科比，科比在采访中发出呐喊：**"要么请回韦斯特，要么把我交易到公牛队。"**

之后的几天，科比在一档电台栏目中表达了对湖人队管理层的不满。科比称包括巴朗·戴维斯、卡洛斯·布泽尔和罗恩·阿泰斯特在内，都打电话表达想要一起打球的愿望，但湖人队管理层全部拒绝。同时科比认为管理层在某些交易上并未争求他的意见，例如交易走球队第二得分手卡隆·巴特勒。在节目的最后，科比说："我不知道明天该怎么办，昨天这个时候，我还在思考如何取得胜利。"

此后，科比在一段视频中再次炮轰湖人队管理层，质疑他们否决了用拜纳姆交易全明星后卫贾森·基德的提案，视频的最后科比还表达了自己对于芝加哥公牛队的青睐，鼓动球迷准备买芝加哥的24号球衣。

湖人队管理层迫于压力，将德里克·费舍尔重新召回，但在追求大牌明星的路上却是徒劳无功。于是巴斯向媒体放风："只有一份配得上科比的转会方案，才会真的动心。"

在全联盟都知道科比和湖人队闹翻后，多支球队送来报价，其中就包括科比青睐的芝加哥公牛队。公牛队的报价包含了乔金·诺阿、本·戈登、安德烈斯·诺西奥尼、泰勒斯·托马斯，以及一个首轮选秀权，但如果交易达成，公牛队也没有了夺冠阵容。最终，这笔交易并未达成。

后来科比的经纪人佩琳卡回忆，当时的老板巴斯给科比发了一条短信："科比，尽管你准备离开球队，但是我坚信，失去了你，我也能带领湖人队夺得总冠军。所以，在总冠军这件事情上，请不要站在我的对立面。"

正是这样的短信让科比看到了老板巴斯同样对于总冠军的渴望，科比最终选择继续待在湖人队。

PART 4

俯视群雄
睥睨天下

第1章

伙伴，
在凌晨聚首

经过一个夏天的人心惶惶，2007—2008赛季开始了，湖人队的揭幕战是主场迎战拥有"姚麦组合"的火箭队，在主队球员入场仪式上，科比受到了满场的嘘声，但科比全场45分，末节独取18分的表现让主场球迷折服，虽然最终被火箭队绝杀，但主场球迷还是将MVP的呼声送给了科比。

令人意外的是，这个赛季的湖人队在人员上的变动并不大，但战绩却有很大改观，这得益于拜纳姆打出了全明星级别的表现，以及法玛尔、武贾西奇等新秀的快速成长，湖人队赛季前10场比赛，拿到7场胜利。

11月的末尾，管理层继续对球队进行补强，用布莱恩·库克和莫里斯·埃文斯从魔术队换来特雷沃·阿里扎，阿里扎的到来，大大减轻了科比在防守端的压力。**2007年12月23日，湖人队做客麦迪逊广场花园球馆，科比全场拿下39分、11个篮板、8次助攻，在29岁122天的时候，成为当时NBA历史最年轻的2万分先生。**第二天的圣诞大战，拜纳姆全场砍下28分、12个篮板，湖人队终于在圣诞大战尝到赢球的滋味。

整个12月份，湖人队14场比赛，拿到10场胜利，值得一提的是，拜纳姆在"天勾"贾巴尔的调教下，单月6次打出两双数据。

在进入2008年之后，湖人队将连胜场次延长至7场，战绩直接升至西部第一，但随之而来是的伤病侵袭。1月13日，在湖人队对阵灰熊队的比赛中，拜纳姆膝盖严重受伤，直接赛季报销，4天之后，阿里扎在训练中脚踝骨折，同样赛季报销，受到伤病困扰的湖人队，在1月下旬的比赛中5战4负。

在1月的最后一场比赛中，湖人队和活塞队战至最后时刻，科比在持球过程中被包夹，于是将球传给无人防守的夸梅·布朗，但布朗没接好球，直接出现失误。

暂停时，夸梅·布朗对科比说："他们没人防我。"

科比回答道："对呀，我看见了，你还会有空位的，拉希德会故意放空你。"

布朗直接回复："如果再没有人防守我，别把球给我了。"科比听完之后目瞪口呆。

布朗接着说："我紧张，如果他们对我犯规，我罚不进球。"科比非常生气地看向菲尔·杰克逊，要求主教练将布朗换下，但杰克逊没有将布朗换下，而是希望布朗能够在场上克服紧张。最终湖人队以1分之差输掉比赛。

不到两天的时间，2月2日凌晨，科比接到湖人队管理层的电话，**夸梅·布朗被交易了，一同交易离开的还有雅瓦里斯·克里丹顿、阿隆·麦基、2008年和2010年两个首轮选秀权，以及马克·加索尔的签约权，湖人队从灰熊队交换得到保罗·加索尔。**保罗·加索尔在灰熊队效力7个赛季，没有为球队拿到过一场季后赛的胜利，但他在前一年刚拿到灰熊队的队史得分王，他的手感柔和、技术细腻，是正值当打之年的全明星。

科比对于这笔交易非常满意，但其他球队总经理抱怨这笔交易简直就是"打劫"，波波维奇更是直言："灰熊队的所作所为实在太超越人类理解极限。"

而之后的几年，灰熊队证明了他们的这笔交易还是很有战略眼光，灰熊队连年战绩不佳，甩掉了保罗·加索尔3年5000万美元的合同，马克·加索尔后来成为球队基石。

在得到保罗·加索尔的第三天，科比也受伤了，右手小拇指韧带撕裂，一周后就是本赛季的全明星赛。湖人队向联盟申请科比因伤不能出战全明星赛，但遭到联盟的拒绝，如果全明星赛不打，就会被禁赛一场，最终，科比手指上缠着绑带和固定夹板在全明星赛场首发出战打了3分钟。

虽然科比受到手指的伤病困扰，拜纳姆和阿里扎也因伤赛季报销，但保罗·加索尔的到来让三角进攻真正地运转起来，科比也无须再像之前两个赛季一样大包大揽，这一赛季的最后35场比赛，湖人队拿到26场胜利，湖人队以57胜25负一举获得西部第一。

值得一提的是，科比并未因手指受伤而缺席比赛，科比常规赛82场全勤，场均28.3分、6.3个篮板、5.4次助攻、1.8次抢断，总得分领跑全联盟，并首次获得常规赛MVP，科比说："**这真是一次漫长的旅途。我很自豪能够代表这支球队，代表这座城市。**"

除获得MVP奖项之外，科比还是唯一全票入选NBA最佳阵容的球员，这是他连续第三年、职业生涯第六次入选最佳阵容第一队。之后，他又与凯文·加内特

领衔NBA最佳防守阵容第一队，科比总共获得52分，包括24张第一名选票，这是他第八次入选。

季后赛首轮，拥有卡梅隆·安东尼和阿伦·艾弗森的丹佛掘金队完全不是湖人队的对手，科比在这一轮系列赛场均33.5分，系列赛第二场科比狂砍49分、10次助攻，湖人队最终4：0横扫掘金队，掘金队成为自2003—2004赛季以来第一支获得50胜的球队在首轮被横扫。

西部半决赛，湖人队的对手是犹他爵士队，系列赛第一战科比狂轰38分率队取得胜利。2008年5月8日，湖人队和爵士队的系列赛第二战，时任NBA总裁亲临斯台普斯中心，在赛前宣布科比获得了2007—2008赛季的MVP，在接过奖杯之后，队友们纷纷与科比拥抱、击掌，并享受着场上的欢呼。

科比强忍泪水说："我来到洛杉矶已经12年了，我感谢你们对我的支持，感谢你们对我的爱，是你们帮我拿到MVP，我将会用场上的表现回报你们。"

正如科比所言，他用场上的表现去回报了球迷，湖人队以4：2的大比分淘汰犹他爵士队，此时站在湖人队和科比面前的还是老对手——圣安东尼奥马刺队，埋藏了4年的恩怨再次交汇。

马刺队刚刚与克里斯·保罗率领的黄蜂队大战七场，而马努·吉诺比利的脚踝也受到了伤病困扰，但西部决赛首战开始后，马刺队似乎并未受到影响，科比在布鲁斯·鲍文的防守下半场只得到2分，第三节进行过半时湖人队落后多达20分，但科比被激怒了，下半场比赛，37岁的鲍文显然力不从心了。

第三节还剩4分32秒，科比强投三分球命中，又制造犯规罚球得分，接下来科比与保罗·加索尔连续两次完成空中接力，湖人队打出14：0高潮。

第四节开局，科比连得6分继续缩小分差，而马刺队在长达6分钟的时间内出现得分荒，最终科比带领球队完成了20分的逆转。

前四场比赛湖人队取得3：1的领先，第五场回到斯台普斯中心，首节湖人队就落后两位数的分差，从第二节开始科比带领队友慢慢地迫近比分，第三节结束时湖人队反超1分。

第四节开始，科比就命中三分球，之后他多次冲击篮下得分。马刺队的防守在科比面前丝毫不起作用，科比用单节17分的个人表现淘汰了马刺队。

时隔四年，湖人队再进总决赛，而这也是奥尼尔离开后，科比首次打进总决赛。

这一次，湖人队最后的对手，是时隔21年重返总决赛舞台的波士顿凯尔特人队，21年前的NBA总决赛，凯尔特人队战胜的正是洛杉矶湖人队。

由保罗·皮尔斯、凯文·加内特、雷·阿伦三位全明星球员组成的"三巨头"所向披靡，三人合作的第一个赛季就以20胜2负创造了凯尔特人队近20年来的最佳开局纪录，同时常规赛66场胜利也是雄踞联盟第一，在站上总决赛舞台之前，他们先后淘汰了拥有勒布朗·詹姆斯的骑士队，以及联盟第二的底特律活塞队。

总决赛首战，波士顿北岸花园球馆，下半场两队比分接近，帕金斯撞到了皮尔斯的右腿，皮尔斯被医护人员抬出场外，整个北岸花园球馆陷入沮丧，但仅仅过了两分钟，皮尔斯就上演了王者归来的戏码，北岸花园球馆的球迷重新沸腾起来，回到场上的皮尔斯连中两记三分球，帮助球队反超比分。第四节依旧是皮尔斯的单打帮助凯尔特人队稳定了局势，湖人队无奈吞下总决赛第一场的失利。

第二战继续在北岸花园球馆进行，凯尔特人队主教练里弗斯对于湖人队的研究也更加透彻，凯尔特人队尽可能限制湖人队的快攻，同时皮尔斯、雷·阿伦、詹姆斯·波西轮番"照顾"科比，加内特在内线伺机协防，湖人队在前三节一度落后超过22分。虽然科比带队打出31∶9的高潮，但皮尔斯最后时刻的罚球和封盖，还是让湖人队在波士顿以两连败收场。

第三战回到斯台普斯中心，菲尔·杰克逊见招拆招，多名球员渗入篮下牵制加内特，为科比制造一对一的机会，同时皮尔斯在拉德马诺维奇的紧贴防守下，只得到6分，末节科比带队打出7∶0小高潮而奠定胜局，湖人队主场87∶81扳回一局。

第四战，湖人队一度35∶14领先，但第三节皮尔斯化身组织前锋，带领凯尔特人队打出31∶15的高潮，最终湖人队遭遇逆转，大比分1∶3落后。

总决赛第五场，科比手感尽失，只能依靠制造犯规和突破分球为球队做出贡献,但这场比赛加索尔拿到19分、13个篮板、6次助攻,奥多姆拿到20分、11个篮板、4次盖帽,湖人队以5分的优势艰难取胜。

第六战回到凯尔特人队主场,第二节湖人队命中率仅有23%,下半场隆多大爆发拿到15分、7次助攻,湖人队95∶131惨败,大比分2∶4无缘总冠军。

总决赛中科比场均25.7分、4.7个篮板、5次助攻,保罗·加索尔场均14.7分、10.1篮板、3.3次助攻,两人的表现与总决赛之前的表现有很大差距,尤其是科比的不佳表现被大肆抨击。

"很难过,也很失落。但我也很自豪,我们这一年的表现值得骄傲,我为我的队友感到自豪,也要为我们的努力感到自豪。当然,第二名就意味着是头号输家,我们必须打起精神,下个赛季卷土重来,现在我们可以昂首离开。"这是科比对于批评他的人的一种回应,这段话中没有委屈和不甘,只有满心的坚毅和从头再来的信心。

第 2 章

救赎，
蜕变与登顶

总决赛失利之后，科比带着手指的伤病，即刻前往美国国家队报道，他要代表美国队参加北京奥运会，当时的美国男篮"梦八队"集结了勒布朗·詹姆斯、德韦恩·韦德、卡梅隆·安东尼、克里斯·保罗等众多超级巨星，但毫无疑问科比是他们当中最好的球员，是这支球队的领袖。

这支球队被冠以"救赎之队"的称号，目的就是要夺得阔别已久的奥运会冠军。在万众瞩目的北京奥运会开幕式上，科比得到了持续数秒的镜头，同时伴随着现场观众山呼海啸般的呼喊。对于科比在中国的人气之高，安东尼开玩笑地说："我觉得科比可以考虑把家搬到中国来。"

小组赛中美国男篮没有遇到任何阻拦，在淘汰赛战胜澳大利亚队和阿根廷队之后，美国队与西班牙队会师决赛。科比和保罗·加索尔在奥运会的最高舞台相遇。

西班牙队的防守顽强，进攻端配合流畅，美国队并没有绝对把握，第四节开局保罗·加索尔的连续得分将分差缩小至5分。在比赛还剩3分钟时，科比三分线外接到韦德的传球，面对鲁迪·费尔南德兹的防守，直接干拔三分命中，同时费尔南德被吹犯规，5犯被罚下。完成打四分的科比将左手食指轻轻竖在嘴唇上，霸气尽显，美国队替补席炸开了锅。

这一天是北京时间2008年8月24日，科比带领美国队完成救赎，奥运会金牌成了科比30岁最好的生日礼物。

结束甜蜜的奥运之旅后，科比和保罗·加索尔回到湖人队备战新赛季，新赛季的湖人队与上个赛季总决赛的阵容相比，发生了不小的改变。

拜纳姆伤愈回归，加索尔可以回到熟悉的大前锋位置，奥多姆成为球队第六人，成为第二阵容的指挥官，阿里扎、法玛尔、武贾西奇也比上个赛季更加成熟。

2008—2009赛季揭幕战，湖人队20分大胜波特兰开拓者队，之后他们又狂虐快船队38分，开局7连胜、前15战14胜，湖人队在本赛季初期就显现出冠军相。

同时，科比变化很大，他的场均出场时间降到36.1分钟，是近8年的最低，但效率却大大增加。在赛场外，科比开始在客场比赛时请队友一起吃饭，大大增加了球队的团结。

时间来到圣诞大战，上个赛季总决赛的两支球队再次成为焦点。凯尔特人队在拿到总冠军后一鼓作气，新赛季打出了19连胜的队史最佳开局，圣诞大战前45分钟两队打得可谓胶着，比赛还剩3分钟时，科比连续给加索尔送出三次助攻，在防守端加索尔接连盖掉雷·阿伦和皮尔斯的三分球，比赛最后时刻科比命中制胜中投，最终湖人队93∶83成功复仇，这场胜利恰巧也是菲尔·杰克逊教练生涯的第1000场胜利。

圣诞大战之后的湖人队气势如虹，进入1月后，科比连续两场比赛送出三双。1月19日，在湖人队主场迎战骑士队的比赛中，科比在和詹姆斯的对位中戳伤了右指，但他并没有因伤退赛，而是要求队医强行将弯曲的手指扳回，经过简单固定科比重新回到场上并拿到一场大胜。

10天之后，湖人队首发中锋拜纳姆因膝盖受伤缺席三个月的时间。在拜纳姆受伤之后，奥多姆重回首发，科比重启"杀神模式"，在麦迪逊广场花园球馆狂砍61分，创造了当时这座球馆的最高得分。湖人队在2月也只输掉两场比赛。科比这时已经完全像一条"黑曼巴"，杀人于无形。

本赛季的全明星赛在菲尼克斯举行，因湖人队战绩领跑西部，菲尔·杰克逊成为西部全明星队的主帅，转会太阳队的奥尼尔以东道主身份入选，这样一来菲尔·杰克逊、奥尼尔、科比在菲尼克斯全明星赛再次聚首。全明星赛第一节中段，科比助攻奥尼尔篮下得分，"OK组合"重现江湖，时光仿佛回到了湖人队三连冠时期。最终西部全明星队146∶119取胜，科比拿到全场最高的27分，奥尼尔出战11分钟拿到17分。

在赛后的MVP颁奖仪式上，大卫·斯特恩宣布科比和奥尼尔共同获得全明星赛MVP奖杯，两人相逢一笑泯恩仇，奥尼尔说："我和科比的友谊从未中断，我们是最好的组合。"科比则说："我们度过了一段很开心的时光。"自此，"OK组合"冰释前嫌。

全明星赛后，本赛季常规赛湖人队的最后30场比赛，尽管有17场客场之旅，但他们还是拿到23场胜利，单赛季65胜17负，连续两年拿到西部第一，这个赛季的科比再次打满82场，连续两个赛季全勤，同时入选最佳阵容一队和最佳防守阵容一队。

季后赛开始前，湖人队主教练菲尔·杰克逊为了刺激队员对于总冠军的渴望，戴上了2001—2002赛季赢得的总冠军戒指。湖人队季后赛首轮的对手是由德隆·威廉姆斯和卡洛斯·布泽尔领军的犹他爵士队，西部第八的爵士队在实力上显然无法与湖人队抗衡。前两场比赛湖人队在斯台普斯中心轻松拿到胜利，第三战爵士队回到了自己的魔鬼主场。最后凭借德隆的准绝杀，爵士队扳回一场，但这也是爵士队本轮系列赛唯一的一场胜利，湖人队大比分4∶1轻松淘汰爵士队。

进入第二轮，湖人队的对手是由姚明单核带队的火箭队，这是姚明生涯首次打进季后赛第二轮，当年的姚明已经是联盟第一中锋，他给了拜纳姆和加索尔巨大的挑战与压力。

半决赛第一战，姚明很快就造成拜纳姆的两次犯规，虽然是单核带队，但火箭队没有被湖人队拉开分差，直到第四节还剩5分钟时场上出现意外。科比突破时撞到姚明的膝盖，姚明痛苦倒地之后被搀扶回更衣室，但在球员通道里，姚明扶墙对受伤部分进行活动测试，不顾医生的反对，他又径直走回球场。重新回到场上的姚明上演王者归来的戏码，保罗·加索尔完全无法阻挡他的进攻，最后时刻姚明拿到8分，在斯台普斯中心拿到胜利，给了湖人队一个下马威。

科比和加索尔对于首战失利极度不爽，第二场比赛首节两人就合砍28分，帮助湖人队取得了两位数的领先优势。在火箭队方面，姚明遭遇犯规困扰，但第二节比赛替补大前锋兰德尔在进攻端爆发，单节独取16分，上半场结束时火箭队一度完成反超。

下半场两队火药味很大，奥多姆、武贾西奇和斯科拉都因垃圾话吃到技术犯规，费舍尔甚至直接被驱逐出场。

最后时刻，科比的自投自抢帮助湖人队锁定胜利，这一战科比轰下40分。

半决赛第三战移师火箭队主场，姚明在第二节扭伤脚踝，一直坚持到第四节比赛即将结束时才走下球场，湖人队以14分的优势再次拿下胜利。

在第四场比赛开始之前，火箭队收到噩耗，上一场带伤出战40分钟的姚明，左脚被确诊为骨裂，已经无法再出战接下来的比赛。或许是姚明受伤的消息刺激到了火箭队的其他队员，第四战他们为姚明而战，上半场湖人队落后火箭队多达18分，最终火箭队送给湖人队堪称这一年来最糟糕的一场失利。

但来到天王山之战，湖人队多点开花全队7人得分上双，火箭队毫无还手之力，最终湖人队118：78大胜火箭队。狂输40分，这一战堪称火箭队的耻辱之战。

湖人队拿到天王山之后，就开始售卖西部决赛的门票了，如此轻敌的态度再次让他们付出代价。第六战，没有姚明的火箭队，在首节就取得18分的领先，湖人队下半场一度将分差缩小至2分，但兰德尔的再次爆发帮助火箭队取胜。湖人队被逼入抢七大战。

抢七大战重新回到主场，湖人队打出季后赛最好的防守表现，火箭队首节仅得12分。随后的比赛，湖人队始终保持着两位数的领先，最终19分大胜，大比分4：3晋级西部决赛。

湖人队西部决赛的对手是丹佛掘金队，比卢普斯的到来让这支球队有了真正的指挥官，西部决赛首战科比狂轰40分，并且抢到了决定比赛胜负的篮板球，湖人队拿到系列赛开门红。

系列赛第二战，湖人队内线遭完爆，尤其是拜纳姆，他全场只抢到两个篮板球，掘金队从斯台普斯中心拿到胜利扳平大比分。

在丹佛高原的百事中心球馆，湖人队大部分时间都未占到便宜，但最后时刻，科比命中高难度三分球，阿里扎完成抢断，湖人队艰难取胜。这一战科比轰下41分，赛后，掘金队主教练乔治·卡尔对媒体抱怨道："我们的防守让他每次出手都格外艰难，但他就是能接管比赛。"

客场比赛再加上高原作战，湖人队在第四场备感不适，掘金队7分得分上双，再次将大比分扳平，系列赛的走势与湖人队上一轮的情况太像了。

但科比就是科比，他不可能让上一轮的剧情再次上演，天王山之战科比和加索尔在最后时刻开启攻击模式，拿到胜利。第六场比赛回到丹佛高原，这一天正好是"甜瓜"安东尼的25岁生日，但科比并未手软，他半场就拿到18分、6次助攻，全场砍下35分、10次助攻，湖人队4：2淘汰掘金队，连续第二年闯入总决赛。

只不过这次站在湖人队前面的不再是凯尔特人队，因为加内特受伤，"魔

兽"霍华德在第二轮打爆了"绿衫军"内线。东部决赛中,虽然詹姆斯场均38.5分,但依然不敌魔术队的多点开花,霍华德单核带队闯进总决赛。这一次,是魔术队与年轻的"魔兽"站在了湖人队和科比的面前。

总决赛首战,科比用40分、8个篮板、8次助攻的超级数据带领湖人队大胜,值得一提的是,科比全场面无表情,即便领先超过20分也是如此。"我想要这个冠军了。就这么简单。"科比对于冠军的渴望达到极致。

第二场比赛,魔术队将湖人队逼入加时赛,关键时刻费舍尔成为湖人队的功臣,他的连续抢断帮助湖人队以5分的优势拿到胜利。

两战之后,很多人开始讨论湖人队能否横扫魔术队?

回到奥兰多的魔术队三军用命,这一战他们借助主场之利,在上半场的命中率高达75%,科比在首节狂轰17分后手感尽失,甚至罚球10罚只有5中,比赛最后37秒,科比遭霍华德抢断,魔术队拿到队史首场总决赛的胜利。

赛后,菲尔·杰克逊为科比开脱:"他太累了。"科比则认为自己一点也不累。

第四战继续在奥兰多进行,两队又是战至最后时刻,费舍尔命中绝平三分球,两队进入加时赛,加时赛最后31秒,科比将球传给费舍尔,"老鱼"再次命中三分球,湖人队惊险取胜,大比分3∶1领先,总冠军近在咫尺!

第五战,魔术队完全无法阻挡湖人队的进攻,在第二节魔术队曾连续叫出3个暂停,但丝毫不起作用。下半场魔术队未曾获得过一次领先,湖人队以13分优势取胜,大比分4∶1夺冠!

比赛结束的那一刻,科比像孩子一样在球场蹦跳,并激动地挥舞着拳头,他终于在没有奥尼尔的情况下,夺得了属于自己的总冠军戒指。夺冠后,科比抱着二女儿吉安娜、亲吻妻子瓦妮莎的画面成为NBA的经典一刻,温馨令人感动。

总决赛5场比赛,科比场均32.4分、7.4个篮板、5.6次助攻,毫无悬念地获得总决赛MVP,科比激动地说:"我再也不用理会那些傻瓜一样的质疑了,再也不用了。"

第 3 章

抢七，
五冠终极战

"紫金军团"拿到队史第15座总冠军奖杯，作为角色球员的阿里扎也功不可没。在季后赛中，阿里扎场均出战31.4分钟，可以得到11.3分、4个篮板、2.3次助攻和1.6次抢断，三分命中率高达47.6%。在耀眼的表现下，阿里扎已经不满足于湖人队给出的中产合同，2009年夏天，阿里扎离开湖人队，加盟火箭队。

在夺冠1个月之后，湖人队与罗恩·阿泰斯特签下5年3300万美元的全额中产合同，用来弥补阿里扎的离开。

其实阿泰斯特的加盟早就注定了，在2008—2009赛季总决赛湖人队不敌凯尔特人队后，阿泰斯特居然冲进湖人队的教练更衣室，并对菲尔·杰克逊说他可以帮助球队，但当时湖人队不想送出奥多姆，阿泰斯特被交易到火箭队。

虽然在季后赛阿泰斯特和科比爆发冲突，但丝毫没有改变阿泰斯特想要加盟湖人队的决心。从西部决赛到总决赛，观众席总能看到阿泰斯特的身影，直到2009年的夏天，阿泰斯特正式披上紫金战袍。虽然阿泰斯特没有阿里扎的速度，但在身形和防守经验上，阿里扎显然要逊色一些。

另外，在2009年夏天，科比也并未一直沉浸在夺冠的喜悦之中，休赛期科比向奥拉朱旺学习技术脚步，试图更加完善自己。但湖人队的卫冕之旅开启得并不顺利。

因为加索尔在季前赛受伤，缺席10场比赛，再加上阿泰斯特和球队磨合时间太短，科比被迫在赛季初就开启"杀神模式"。

常规赛前两战湖人队一胜一负，第三场湖人队面对乔·约翰逊领军的亚特兰大老鹰队，科比全场轰下41分赢下比赛。值得一提的是，这场比赛之后，科比在NBA所有对手身上都得到过40分以上的数据。

接下来的比赛，科比又在对阵火箭队和灰熊队的比赛中分别砍下40+的得分，带领湖人队取得7胜1负的开局，在加索尔伤愈回归之后，湖人队又打出一波10连胜。

2009年12月5日，韦德率领热火队客场挑战湖人队，这场比赛堪称当时联盟两大最强分卫的对决。这场比赛一开始科比就充满杀气，在科比的防守下韦德前6投全失，但比分一直很胶着，在比赛还剩3.4秒时，湖人队105∶107落后，全世界都知道科比将会执行湖人队的最后一投。

PART4 俯视群雄 睥睨天下

果然，科比在尚未接球时就遭到热火队两名球员的夹击，在艰难接球之后做出一个突破的假动作，随后立即运球到弧顶，全力起跳用一个骑马射箭的姿势将球投出，韦德奋力封盖，篮球划过韦德的指尖落进篮筐，科比完成绝杀！

慢镜头显示，韦德完美的防守几乎盖到了球，科比硬是在空中多停了0.1秒，用全身的力气调整出手动作，韦德赛后直言："科比打服了我。他就是这个时代最强的球员，没有之一。"

绝杀热火队之后的第4天，科比面对拉加·贝尔再次投中绝杀，这次的背景由迈阿密热火队换成了密尔沃基雄鹿队，在科比的带领下，湖人队在圣诞节之前取得了23胜4负的战绩领跑全联盟。

但令人意外的是，在圣诞大战"23"和"24"的对决中，湖人队在主场输得体无完肤，内线双塔被压制，科比轰下35分、10个篮板、8次助攻，但带走胜利的是砍下26分的詹姆斯。

2010年的第一场比赛，湖人队主场迎战国王队，比赛还剩4秒时，湖人队落后

101

两分,加索尔将球传给科比,科比接球出手在空中划过一道完美的弧线,绝杀!

随即就是斯台普斯中心响彻云霄的"MVP"呼声。

绝杀国王队之后,加索尔和科比都遭遇伤病困扰,科比因此错过全明星赛。但在伤愈回归的首场比赛,科比就用一记三分球绝杀了灰熊队,赛后科比说:"投中关键球是我的使命,我享受于此。"几天后,面对猛龙队,科比在最后1.9秒再次命中三分绝杀,科比成了当赛季人见人怕的"杀手"。

赛季末段湖人队多名核心球员受困伤病,球队甚至经历了加索尔加盟后的首个三连败。虽然最后11场常规赛只拿到4场胜利,最终,湖人队以57胜25负的战绩结束常规赛,排名西部第一,**科比连续五年同时入选年度最佳阵容一队和最佳防守阵容一队,遗憾的是这一年詹姆斯在个人数据和球队战绩上都碾压科比一头,科比在MVP评选中输给了詹姆斯。**

季后赛首轮,湖人队的对手是俄克拉荷马雷霆队,这支球队是由凯文·杜兰特、詹姆斯·哈登、拉塞尔·威斯布鲁克以及塞尔吉·伊巴卡为核心的青年军,前两场比赛湖人队守卫了主场,但在之后两个客场比赛中被雷霆队扳平大比分。

在第五场赛前,受伤病影响的科比从膝盖里抽出大量积水,但他依旧成功限制了威斯布鲁克,湖人队拿下天王山之战。

系列赛第六场,湖人队再次来到雷霆队主场福特中心,杜兰特在阿泰斯特的缠斗下命中率不足22%,在最后0.5秒加索尔补篮命中,湖人队以1分险胜。这场比赛加索尔抢到18个篮板,整个系列赛他场均贡献19.8分、11个篮板、3.8次助攻,很好地分担了科比的压力,成为科比最好的帮手。

进入西部半决赛,湖人队面对的是犹他爵士队。爵士队中锋奥库和小前锋基里连科都因伤缺阵,湖人队双塔在内线拥有绝对优势,即将32岁的科比在这一轮系列赛场均得到32分,湖人队轻松完成横扫。

淘汰爵士队之后,湖人队迎来太阳队的挑战,此时纳什即将36岁,虽然两队在前四场战成2:2平,但在天王山之战中,太阳队丢掉了决定系列赛走势的一个篮板,当时科比三分出手三不沾,阿泰斯特在人群中抢到篮板,补篮绝杀。

第六战太阳队试图借助主场优势追平大比分,但阿泰斯特再次成为奇兵,上半场就得到17分。当太阳队在下半场开始反扑时，科比在最后两分钟连得9分锁定胜局。全场科比轰下37分，湖人队最终大比分4∶2战胜太阳队，杀进总决赛。

值得一提的是，科比在西部决赛的表现比半决赛更胜一筹，场均可以得到33.7分、7.2个篮板、8.3次助攻。令人欣喜的是阿泰斯特场均可以得到14.3分、4.7个篮板、2.2次助攻和1.7次抢断，加索尔和奥多姆的表现也足够稳定，这一次面对纳什的太阳队，科比不再是孤军奋战。

科比和他的湖人队连续三个赛季杀进总决赛，这次湖人队和凯尔特人队再相遇，"湖凯大战"再现江湖。

总决赛首战，湖人队在篮板和二次进攻上完爆对手，尤其是二次进攻得分湖人队16∶0遥遥领先，雷·阿伦受到犯规困扰，加内特只抢到两个篮板，科比拿下30分，湖人队取胜。

第二场继续在斯台普斯中心进行，但凯尔特人队后卫隆多主宰了比赛节奏，上半场"绿衫军"一度领先14分，虽然湖人队在下半场一度追平比分，但最终雷·阿伦队三分球帮助凯尔特人队在湖人队主场带走胜利。这一战隆多得到19分、12个篮板、10次助攻的三双，雷·阿伦状态急速回升，三分球11中8，缔造了当时的总决赛纪录。

总决赛第三战，来到凯尔特人队主场北岸花园球馆，湖人队反客为主，上半场结束前打出得分高潮，一举奠定了两位数的领先优势。第四节费舍尔独取10分，全场比赛只让凯尔特人队拿到84分，最终，湖人队以7分的优势取得胜利，雷·阿伦的手感好像在第二场被用光了，此役他三分球13投全失。

第四场，凯尔特人队誓死捍卫主场，拜纳姆在上半场因为膝盖受伤，第三节未再出战，导致湖人队内线失守。隆多带领球队在第四节打出13∶2的得分高潮。虽然科比最后一节独得10分，但最关键的时刻，科比遭隆多抢断，湖人队遗憾败北，两队大比分战成2∶2平。赛后，加索尔抱怨内线拿球的机会太少。

天王山之战，拜纳姆抽掉膝盖的积水带伤上场。但是，除科比之外，湖人队全队都如同梦游，科比轰下38分，全队得分第二多的球员是加索尔，他仅仅得到12分。双拳难敌四手，"绿衫军"多点开花连赢两场，湖人队被逼至绝境，赛后，

科比极为失望:"我们必须像个男人一样站起来,将系列赛拖入抢七大战。"

回到斯台普斯中心之后,科比召集费舍尔、加索尔等人开会,商讨备战策略。显然湖人队是更有求胜欲望的一支球队,在背水一战的情况下,科比首节就砍下11分。而凯尔特人队内线悍将帕金斯在首节的伤退更是令"绿衫军"士气大伤,加索尔全场砍下19分、13个篮板、9次助攻的准三双,凯尔特人队客场只得67分,遭遇了22分的惨败。"指环王"比尔·拉塞尔早就准备好了"2010年NBA总冠军凯尔特人"字样的帽子,但在第四节后半段比尔·拉塞尔只能悄悄地从斯台普斯中心离开。

2010年6月17日，总决赛抢七大战，湖人队迎来了终极考验。

上半场比赛，科比14次出手只命中了3球，好在阿泰斯特单节得到12分，湖人队与凯尔特人队僵持住了比分。下半场科比的手感依旧糟糕，但帕金斯缺阵的影响还是显现出来，加索尔和奥多姆不断拼抢前场篮板得分。在关键的第四节，科比拿到了10分，尤其是最后时刻被拉希德·华莱士犯规，科比两罚全中稳住局势。此役，科比得到23分、15个篮板，加索尔抢到18个篮板，其中包括9个前场篮板。湖人队在总决赛中首次通过抢七大战取胜凯尔特人队，拿到生涯第五冠的科比，跳上技术台，张开双臂，享受着斯台普斯中心球迷的欢呼。

科比在总决赛中场均28.6分、8个篮板、3.9次助攻，再次当选总决赛MVP。拿到生涯第五冠的科比说道："这是我最甜蜜的一个总冠军，也是最难的一个。"

PART 5

一人一城
难说再见

第1章

岁月，最无情猎手

洛杉矶的夏日明艳而热烈，近两百万人涌进市区，踏过格莱美星光大道，聚集在斯台普斯中心门前，在阳光、沙滩、海浪和棕榈树的见证下，欢庆他们的王再次统治NBA，听他许下未来的承诺："等下个赛季来临，我们会准备好再来一遍。"

也是在这个夏天，勒布朗·詹姆斯的转会消息铺天盖地，占据新闻头条，架势远胜刚刚夺冠的湖人队。全世界都在窃窃私语，提问猜测：勒布朗要去纽约或是芝加哥，还是热情似火的迈阿密？在喧嚣声中，科比给詹姆斯发去短信，字里行间充满挑衅：

"再多拿几个MVP都随便你，也无论你愿意住在哪个城市里，但我们最终会拿下冠军奖杯，这一点无须你操心。"

这是2010年的夏天，天使之城的自信与狂欢仿佛没有尽头。

现在的科比只有一个目标：追上迈克尔·乔丹。

科比从来不愿意谈论他跟乔丹的相似与不同，尽管人们总爱拿他们做比较，比如他们年轻时都是运动力超群、能跑又能跳的"小怪物"，但到了年月老去的时候，就开始倾向于跳投和低位背打。如今科比32岁了，再拿一个冠军，他的总冠军戒指数量就能追平乔丹了。但他的手指是个问题，在上个赛季曾经骨折过；还有膝盖，他的膝盖是个真正的大问题，在连续地否认和赌咒发誓"膝伤不会终结我的职业生涯"之后，2010年7月，科比接受了右膝关节镜手术，这是他第三次在这侧膝盖上动手术了。

"最困难的事情就是我现在根本无所事事，"科比在中国行里流露出几分对身体状况的不满，"我喜欢努力工作，不断把自己逼到极点，而这个夏天对我来说有一项最好的锻炼——就是无所事事。我的身体需要休息，伤需要静养，我得给自己的肉体充会儿电，才能为下个赛季做好准备。所以说真的，这对我来说就是最难的一项锻炼。"

这样的忍耐是值得的。当新赛季到来的时候，科比又重新开启了战斗模式，他带领湖人队取得开局8连胜的战绩，他的个人数据也是相当华丽。2010年11月3日，在湖人队击败国王队的比赛中，科比得到30分、10个篮板、12次助攻。11月

27日，面对步行者队，他又轰下41分。在这个赛季开始之前，科比排在联盟历史得分榜上的第12名，但他一步又一步，翻过一座又一座令人景仰的大山，最终，科比超越哈夫利切克、奥斯卡·罗伯特森、奥拉朱旺、摩西·马龙等前辈，凭借着27868分生涯总得分，攀升到历史第六的位置。这个赛季，他平均每场能拿到25.3分，外加5.1个篮板、4.7次助攻和1.2次抢断，又一次同时入选最佳阵容一队和最佳防守阵容一队。

因为科比极为突出的个人表现，湖人队在常规赛里看起来也是游刃有余，三连冠的目标似乎并不遥远——热爱戏剧化场面的媒体大都期盼着科比能带领湖人队一路杀进总决赛，然后跟迈阿密南海滩上新组成的"邪恶帝国"——詹姆斯、韦德、波什三人组来一场终极对决。然而，这个赛季的湖人队却有一个致命的弱点，他们仿佛只会欺软怕硬了。2010—2011赛季的前三个月，湖人队在对阵联盟前四名的队伍时连一场都没有赢过，直到2011年2月10日，科比下半场猛砍20分，帮助球队战胜老对手波士顿凯尔特人队，他们才终于打破这个尴尬纪录。

凭借着57胜25负的成绩，常规赛结束后，湖人队排在西部第三位，季后赛第一轮，湖人队迎战新奥尔良黄蜂队。欺软怕硬的弱点导致湖人队在季后赛里走得分外辛苦，首轮与黄蜂队的比赛打到第六场，湖人队才以大比分4：2艰难取胜。这个系列赛，球队严重依赖科比的情况显得格外糟糕，因为科比的膝伤又犯了，他需要在赛前抽取膝盖积液，才能维持上场比赛的状态。在对阵黄蜂队的6场比赛里，他只有3场比赛得分超过20分。

第二轮，面对达拉斯独行侠队，第一场比赛科比发挥不错，全场29投14中，其中三分球9投4中，一人独得36分，还抢下5个篮板，但他的队友中只有加索尔和奥多姆的得分上双，最终湖人队还是以两分之差惜败。此后无论是科比本人还是湖人队其他球员，他们的状态都是一落千丈，接下来连续三场溃败之后，湖人队的三连冠梦想就此破碎。

2010—2011赛季结束的时候，科比却第一次说出："这一年简直是在浪费我的生命。"这不是科比经历过的第一个令人失望的赛季，平心而论，2005年到2008年之间的每一年科比的状态更好，但湖人队没能在季后赛里走得更远，在球

迷心目中，那些年或许才是对科比黄金岁月的"浪费"。

没有人比科比本人更清楚，那条通往应许之地的金光大道正在消失。自古名将如美人、这一曲胡旋舞过后，宾客尚在流连，但跳舞的人却清楚，盛宴的尾声已经降临。

科比的膝盖拖慢了他的脚步，他知道，如果传统的治疗办法都没有办法让他好起来，那是时候尝试一些新的东西了。在赛季告别的时候，他说他要"好好磨炼"自己的膝盖："去年我做了膝盖手术，再往前一年，我们打到6月份，所以我没办法按照自己的意愿去增强我的膝盖，但今年夏天我有时间了。"

"我感觉我能够达到新的境界，"他说，"我会让那些叽叽喳喳的人都闭嘴。"

当时没有人知道科比所谓的"新境界"是什么，直到6月底，有消息传出，科比在季后赛结束就秘密飞到德国，并在那里接受了富血小板血浆注射治疗（PRP）——医生从他身上抽取适量的血液，经离心处理后，将分离出来的富含生长因子的高浓度血小板血浆再注射回需要治疗的关节内。在生长因子作用下，关节内软骨的生长和修复功能将被激活。据说，接受这种治疗的患者不需要住院，在经过两周左右的加强保护静养调理后就能恢复正常生活，而效果则可以持续一年以上。

这种疗法真的有效吗？《洛杉矶时报》将它形容为一场"赌博"，因为这种治疗办法还非常新，没有足够的数据证明安全和疗效，FDA（Food and Drug Administration，美国食品药品监督管理局）不允许医生在美国施行这种疗法。但好在由于这种治疗只涉及患者自身的血液，注射造成的创口远比微创手术要小，风险大多只在是否浪费钱，而不太会带来额外的危害。在科比之前，高尔夫巨星泰格·伍兹、西班牙网球天王纳达尔和波特兰开拓者队的布兰登·罗伊就已经尝试过PRP疗法。

科比"赌"赢了，当161天的停摆过后，新赛季于2011年12月底姗姗来迟的时候，他的状态已经恢复到了2008年的巅峰时期。但他也迎来了一个坏消息：他的恩师，这个世界上最支持他也最能给他提出意见的人，带领科比五次走向光荣与荣耀的主教练——菲尔·杰克逊决定结束他的教练生涯。取而代之的是，科比长久以来的"敌人"、克利夫兰骑士队的前任主帅迈克·布朗。

科比对此没有太多心理准备，科比当然知道"禅师"要退休，但他以为助理教练布莱恩·肖会接任杰克逊的位置，科比甚至公开表达过对肖的支持。所以当他听说布朗要来的时候，《体育画报》的记者萨姆·阿米克说："科比感到相当意外。"在此之前，布朗在NBA圈子里最著名的标签应该是"那个没能把詹姆斯带到总冠军位置上的男人"，考虑到这几年愈发猛烈的"科比VS詹姆斯"之争，不得不说，布朗现在来到洛杉矶是有几分尴尬。但布朗很低调，他说，他知道接过"禅师"的火炬是一件很困难的事情。他还说，洛杉矶湖人队依然是科比的球队。

科比用自己的实际行动证明了这一点。

赛季开始没多久，科比就在对阵太阳队的比赛中豪取48分，接下来，他面对爵士队、骑士队和快船队又分别砍下40分、42分和42分，达成连续四场40+的壮举。

科比还是那个科比。2011—2012赛季全明星赛在奥兰多举行，这年的全明星赛不知怎么竟然带有火药味，韦德在一对一对位防守科比时丝毫没有"娱乐精神"，在试图封盖科比突破上篮的时候，韦德一巴掌扇下来，打断了科比的鼻梁，并造成科比轻微脑震荡。但科比冷静地罚中那两个球，带领西部全明星队以微弱的优势赢得比赛，他打破了迈克尔·乔丹的职业生涯全明星赛得分纪录，但科比并不高兴。他的心中燃烧着怒火。

他跳过赛后媒体采访环节，走过长长的球员通道，绕到东部更衣室那边。他找到韦德，而他和韦德共同的训练师蒂姆·格罗沃见证了这一幕。"科比想要在去医院之前跟韦德面对面见一次。这不是为了报仇，或者发泄，或者计较什么恩怨，而纯粹是丛林法则的场景，两头猛兽彼此警惕，狮子王攀上岩石，森林里的其他动物得知道谁才是真正的主宰。"他说，科比当时看韦德的眼神充满震慑力，"那个直白又无声的眼神，仿佛在宣布'我还是这里的老大'。"

几天之后，当科比再次站上赛场，他的脸上多了一个面具。面具之下的"黑曼巴"比从前更"冷酷"，冷静又危险，如同真正的黑曼巴。他连续三场砍下30+，带领湖人队高歌猛进。时间来到4月，科比面对金州勇士队再次单场拿下40

分。他在得分榜上排在第二位，仅次于初现巨星风采的凯文·杜兰特，但科比不再像年轻的时候那样穷追不舍了，他在身体不适的时候及时选择休息，他决定为季后赛准备好自己的身体和灵魂。科比很清楚，比起个人的荣誉，他更想得到的依然是第六枚总冠军戒指。

科比整个赛季的数据是27.9分、5.4个篮板、4.6次助攻，对于一个33岁的"老兵"来说，这份成绩单堪称卓绝。他也因此入选了最佳阵容第一队和最佳防守阵容第二队。

季后赛第一轮，湖人队并不顺利，他们苦战7场，才惊险淘汰丹佛掘金队。科比的表现非常好，7场比赛里有4场得分超过30分，其中还有单场43分的佳绩。但他的得分表演到第二轮就遇上了壁垒，年轻的得分王杜兰特与和他同样年轻的俄克拉荷马城雷霆队像是不知疲倦、不知畏惧的幼兽，像从前的森林霸主挥舞着他们的利爪。尽管科比从第三场开始凭借着36分、38分和42分的表现独力抵抗着雷霆队的侵袭，但独木终究难支，湖人队只坚持到了第五场，就以1∶4的总比分败下阵来。

这是五届NBA总冠军科比·布莱恩特在季后赛舞台上的落幕演出。

第 2 章

跟腱，坚韧的光辉

科比一个人坐在球队大巴的靠窗位置上，伦敦街景在玻璃的另一侧变换，而他眼前出现的却是另一番景象。这是他的习惯，他总是会在比赛之前想象，球落入篮筐、欢呼、胜利，仿佛曾经在他生命里成百上千次发生过的那样。这天晚上是美国男篮和西班牙男篮的奥运会决赛，如果赢下来，科比将拿到他的第二枚奥运金牌。

与四年前比起来，如今的科比柔和得多了。2008年的他刚刚从职业生涯的低谷中爬起来，加索尔来到他的身边，他终于有了一个靠得住的队友，但沙克·奥尼尔的嘲讽依然萦绕在他耳边——"黑曼巴不算啥，全得靠巨人鲨"。在洛杉矶的所有不甘和不满都被他发泄在北京奥运会的赛场上，他是主力得分手，也是防守中坚，他用自己的坚韧和刻苦赢得了詹姆斯、霍华德、韦德和安东尼这些巨星队友的敬重。

但2012年的科比做出不同的选择，他将得分的重担交给詹姆斯、安东尼和杜兰特，他自愿退后一步，扮演起前辈的角色，让那些如日中天的巨星恣意挥洒着他们的光芒。当著名主持人克雷格·萨格问他是否还会参加2016年的里约奥运会时，他毫不犹豫给出了否定的答案："到这里为止吧，就到这里结束。"

科比依然乐观地期待着新赛季，相信自己还有获得第六个总冠军的可能。**在美国男篮征战奥运会的同时，洛杉矶湖人队宣布引进两个重磅球员：德怀特·霍华德，26岁，三届NBA最佳防守球员，联盟里最好的中锋，或许没有之一；史蒂夫·纳什，两届MVP，尽管已经38岁了，依然是精英级别的控球后卫。**他们两个的到来，加上老伙计加索尔，以及改名叫慈世平的阿泰斯特，当然还有科比本人，新赛季的洛杉矶湖人队就如《体育画报》的封面标题一般：热闹将至！

为了最大化用好这些宝贵的球员，迈克·布朗决定引入"普林斯顿体系"，这是一种"团体篮球"体系，由皮特·卡里尔在普林斯顿大学篮球队任教时创造。这套体系的主要定位在不断地传球、挡人和有意识地无球跑动，通过一系列的配合，在篮下创造出空当，使得进攻一方轻松得分。但这个体系在湖人队从来没有奏效过，纳什在赛季第二场比赛受伤，湖人队打出1胜4负的糟糕开局。

当湖人队在第五场对战犹他爵士队的比赛还剩25.5秒的时候,落后7分的"紫金军团"已经无力回天,科比坐在板凳席上,死死地盯住从他身前经过的迈克·布朗的身影。"我不在乎别人怎么解读我的眼神,"科比在赛后说,"这对我来说不重要。"但媒体和球迷的讨论已经停不下来,他们将它称为"死亡凝视"。

"死亡凝视"果然带来了"死亡",这场比赛余下的25.5秒,就是布朗作为湖人队主帅的最后时光。一时间,关于湖人队新帅的猜测甚嚣尘上,许多人猜测"禅师"杰克逊会回来救场,但最终来到洛杉矶的却是"跑轰大师"德安东尼。

但这并不是一个明智的决定,因为德安东尼的快节奏进攻战术对球员的比赛理解力、跑动和传球能力要求都很高,而这支纸面上的超级球队,在真实的赛场上很难实现德安东尼的要求。纳什缺席了将近两个月的比赛,复出之后状态也不尽如人意。加索尔看起来被奥运会折磨得颇为疲惫,加上他在这个战术里基本上只被作为外线高个子射手而使用,失去了他在内线的威慑力。而被寄予厚望的德怀特·霍华德,带来的却只有失望。

从霍华德进入联盟开始,一直到加入湖人队之前,他都是奥兰多魔术队的建队基石和绝对核心,球队所有的运作、所有的战术都围绕他展开,都是为了确保他的开心和高效而存在。但在湖人队,他对这个世界的认知被颠覆了。

几年之后,纳什回忆起当时的湖人队,做出了这样的评价:"太多的'自我'在这里碰撞,一切都乱了套。"

科比和霍华德的矛盾传得沸沸扬扬,但这一次并不是大家熟悉的两个傲慢而以自我中心的球星之间的碰撞,而是更深层次的、两种思维方式完全不同的人之间的性格矛盾。科比完全不能理解,为什么这个世界上会有一个天赋如此之高的竞技体育运动员竟然如此缺乏竞争心,在最失望的时刻,他甚至公开评价霍华德为"软蛋"。

科比说:"我试着教德怀特,我试着指导他,我知道什么样的队伍才能赢得总冠军。大多数情况下,更衣室的氛围必须是非常坦诚、外向和彼此融合的,你们之间会有打闹有挑衅,但你们始终也是朋友。但问题是,当他看见这一点的时候,他害怕了,这样的环境让他感到不舒服。他很难在这样的情况下拿出完全的战斗力,而我也怀疑他是否愿意去改变自己的天性,接受这种让他感觉不舒适的好斗的环境。"

湖人队整个赛季表现宛若一团混沌,不知道从何而来,也不知道要往哪里去,唯一的亮色只有科比。从奥运会上摘金回来以后,科比的状态奇迹般提升,他看起来又像是一台加满油的跑车了。纳什评价说:"科比好像突然年轻了10岁。"每一场比赛,科比都在用自己无比扎实的基本功惩罚着对位的防守者,背打、上篮、跳投,奉献了许多高光时刻。

12月,科比连续10场比赛的得分在30分以上,其中包括两场砍下40+的表演。同时,由于纳什受伤,科比担当起德安东尼体系中的指挥官角色,他的传球表演也正式开始,他连续两场比赛送出14个助攻。4月10日,洛杉矶湖人队对阵波特兰开拓者队,科比成为历史上第一个单场同时得到47分、8个篮板、5次助攻、3次抢断和4次封盖的球员。在34岁这个足以被称为"老将"的年龄上,科比的技术已臻化境,他如一瓶经过岁月滋养的陈酿一般,散发出无与伦比的韵味。事实上,在赛季中的某个时刻,他的队友们确实给了他一个新的外号:Vino(葡萄美酒)。

从波兰特凯旋之后两天,湖人队在主场迎战金州勇士队,科比依然表现神勇,他上场44分54秒,一人独得34分。**但在比赛的最后时刻,他带球试图突破勇士队哈里森·巴恩斯的防守时,一阵锐利的疼痛划过科比的脚踝。**

科比在疼痛中皱起眉,他不需要别人搀扶,而是靠自己的双脚走到场边。医生的诊断结果很快出来了——跟腱完全断裂,他需要立刻接受手术。科比沮丧极了,他说,在他的篮球生涯中至少做过上百万次同样的动作,以前从未因此受伤。

在他追逐第六冠的道路上,又一座新的大山出现了。

这次伤病让他足足养了半年,直到2013年11月,科比才回到湖人队的训练场上,这时候,他已经35岁了。

湖人队跟他签了一份两年的续约合同,总金额接近5000万美元。这样的高薪

招致了一些批评，因为这很大程度上锁死了湖人队的薪金空间，让球队在招募自由球员的时候受到限制。但考虑到科比从1996年以来为湖人队付出的血与汗，所有的光荣与梦想，没有人怀疑，科比值得这里面的每一分钱。

科比在2013年12月10日复出，这时候的湖人队已经完全换了模样。纳什还在养伤，霍华德已经去了休斯敦火箭队，唯一的老熟人是保罗·加索尔，他依然在德安东尼的体系中无用武之地，发出龙困浅滩的悲吟。

复出第一场比赛，湖人队对阵菲尼克斯太阳队，科比拿下20分，但在之后的五场比赛里，他一共只得到54分。然后，湖人队突然把科比列入伤病名单，说他的膝盖骨折了。人们纷纷猜测，这次的伤病是一次新的不幸，还是因为他的跟腱没能完全恢复而导致的连锁反应，但无论如何，有一点非常清晰——科比的身体扛不住了。

科比的2013—2014赛季戛然而止，尽管他被票选进入西部全明星首发阵容，但他并没有参赛。2014—2015赛季的科比又找回了一些状态，在回归的第二场比赛得到31分，第五场比赛得到39分，11月16日，他面对金州勇士队甚至拿到44分。但是，这些漂亮的得分秀全部被淹没在湖人队的失利里，在年轻又陌生的队友中间，科比第一次显得无所适从。**12月14日，科比的职业生涯总得分正式超过迈克尔·乔丹，这是这个赛季里少有的值得纪念的科比时刻。**

在肩伤、膝盖伤和跟腱问题的"组合拳"下，科比整个赛季只出战35次，场均拿到22.3分、5.7个篮板和5.6次助攻。最糟糕的是，他的运动战命中率只有37.4%，这是他职业生涯第一次赛季命中率不足四成。而湖人队，最终沦为联盟战绩最差的球队之一。

2015—2016赛季，科比进入联盟已经20年了，他打破了约翰·斯托克顿的纪录，成为当时在一支球队效力时间最长的球员。但科比的身体拒绝配合他的意志力，在赛季的大多数比赛里，他的单场得分都不超过20分。

2015年11月29日，科比在《球员论坛》宣布退役。他在这篇名为《致亲爱的篮球》的诗歌里写道：

科比全传：永恒黑曼巴

致亲爱的篮球

致亲爱的篮球，
我穿上父亲的长筒袜，
一边投篮，一边幻想自己是在大西部论坛球场
投入制胜球。
从那一刻我就知道，这件事毋庸置疑：
我已深深爱上你。
我为热爱付出所有——
从我的身体和意志，
到我的精神与灵魂，
以六岁男孩的真心，全心全意爱着你。
我从未望见隧道的尽头，
只能看见自己无尽奔跑，
所以我一直跑，
跑遍每一个球场，
追逐每一个地板球。
你要求我承诺竭尽全力，
而我用全部的身心来回应，
因为它意味着更多。
我在汗水与伤痛中奋战，

不是因为挑战的召唤，
而是因为你召唤了我，
我的一切全为你。
因为你让我感到，
鲜活地活在这个世界上，
你给了那个六岁男孩一份湖人梦，
而我因此而永远爱你。
但我不能再继续痴迷着爱你了，
这个赛季就是最后的时光。
我的心潮依然澎湃，
我的意志坚如钢铁，
但我的身体已决定告别。
没关系，
我已经准备好让你离开。
我在此刻坦白，
所以我们都可以享受余下的相聚，
我们共同经历过甜蜜和悲哀，
生命中所有的色彩。
我们都知道，无论接下来我会做什么，
我都永远会是那个孩子，
穿着长筒袜，
瞄准角落里的垃圾桶，
倒数五秒，
球在我手里。
五、四、三、二、一……
永远爱你，
科比。

第3章

告别，Mamba Out

"科比在签名。"

斯台普斯中心的通道里，人们在奔走相告这个消息，队友、工作人员和后勤保障人员都在试着从科比手里得到一些签名纪念品，而科比本人，手里握着一支马克笔，看起来愿意满足大家的愿望。

这是科比职业生涯的最后一场比赛。在宣布退役之后，他的赛季俨然已成为告别巡回演出，他给各种各样的人派送签名，包括勒布朗·詹姆斯和保罗·乔治等球星都得到了他的签名球鞋。但对于湖人队内部人员来说是不一样的。

那些认识科比10多年的人极少会要求科比签名，在漫长的岁月里，可能也就那么一两次，为了朋友或者家人。他们不愿意打破工作环境里的平等氛围，不愿意破坏他们之间纯洁的同事关系。"你就是不会去找科比签名，这件事情是你不会去做的。"时任湖人队助理教练的马克·麦德森说。

但是，2016年4月14日，一切的规则被打破，人们排队在湖人队更衣室里索要科比的签名：球鞋、球衣、场刊……有些人手边没有可以用来签名的东西，甚至立刻掏出信用卡，让经过这里的随便一个有空的人带上自己的信用卡去球队商店里买点什么来，然后科比会用他手上的马克笔签下熟悉的名字——一个潦草的"K"，"e"和"t"都拖着长长的尾巴。

没有人知道，科比会在接下来的这场比赛里带来什么。科比他自己都不知道，他在赛前承认："我唯一的愿望就是别打得太糟。"

考虑到科比和球队最近的状态，这个愿望听上去非常合理。湖人队输掉了过去11场比赛里的10场，而在此期间，科比的命中率已经降到了35%左右。科比还有最后一场比赛去创造一些特别的回忆，湖人队早就已经无缘季后赛并且一头扎进乐透区，所以，这就是他作为职业篮球运动员的最后一场比赛了。

在短暂地承认这场比赛可能"平庸收场"之后，科比决定最后一次付出他的所有，用他全部的身体和意志、精神与灵魂，最后一次为了他毕生挚爱的篮球而竭尽全力。

他一身全黑打扮来到球馆，黑色西装、黑色衬衫、黑色领带，在摄影机的全角度记录下走进斯台普斯中心。过去二十年里所有的荣耀凝结成这一刻，地板上写着巨大的"24"和"8",那是他的球衣号码。在比赛之前,球迷观看湖人队制作的两个致敬科比小短片,"魔术师"约翰逊在视频里称呼科比为"身着紫金球衣最强者",然后全场起立欢呼迎接首发球员科比入场,再接下来,大家看到科比投丢了自己的前5次出手。

但故事当然不会如此结束。

在比赛开球之前,在湖人队总经理位置上度过了漫长岁月的米奇·库普切克站在球员通道里,他问克雷·莫瑟尔:"球队今天能不能表现得给力一点,让科比拿到30分以上?"莫瑟尔以前是球队的数据分析师,后来又当了球队的助理教练,他回答说:"毕竟是科比,他当然能拿到30分。"他们两人都没想到,在接下来的一个多小时里,这番对话不断重现,只是其中的数字每次都会增长10分。

30分差不多就是他们的预期目标,对于湖人队工作人员和科比的队友来说,这是个听上去不错的告别数字,也比较现实。作为科比的战友,他们知道他身上的伤有多严重,也知道千万不能在这个时间抱有过高的希望。这个赛季,科比甚至很少出现在训练场上了,每场比赛,直到他来到球场,球队才知道他能不能上场战斗。所以,30分听上去就已经很好了。

但这个晚上是不同的,他的两个女儿都在场边,这是最后一次,科比有机会亲自向她们展示他的伟大。

科比在第一节末段开始找到状态,他连续砍下15分,然后在中场休息的时候,他已经得到了22分。

第三节,当他得到30分的时候,湖人队落后10分。然后他命中一个三分球,得分达到40分,湖人队落后12分。再之后又一个三分球,外加一个中距离跳投,他拿下45分,帮湖人队将差距缩小到个位数。但三分钟之后,湖人队又落后10分了,这场比赛眼看着又要输掉,这对科比来说是一种难以忍受的苦涩滋味。

科比在左侧三秒区外背对篮筐,戈登·海伍德防守他。科比一步突到底线,急停,爵士队的防守出现了一瞬间的失衡,他趁机溜到篮下然后反身上篮。再下一个回合,他命中两个罚球,得分攀升到50分。

再接下来,他再攻击篮筐得分,湖人队只落后6分了,全场球迷都欣喜若

狂。他的队友朱利亚斯·兰德尔笑了起来，科比大口喘着气，胸膛起起伏伏，豆大的汗水顺着他的脸颊砸在地板上。

兰德尔结实地挡住防守球员，给科比创造空间，然后科比奔向右翼，干拔命中一记跳投。科比用力捶向他的胸膛。

在记分台边上，NBA的媒介副总裁蒂姆·弗兰克和湖人队公关总监约翰·布莱克忍不住大笑起来。"他每命中一个球，事情就变得更有趣一点，"弗兰克说，"天哪，这简直是太科比了。"

现在湖人队领先了。科比最后在罚球线上，罚进了他的第59和60分。

科比到最后还是一个赢家。

"然后比赛结束，他走进更衣室里对大家说：'听着，我每一场比赛都付出了自己的所有，所以我没有遗憾了。'他鼓励大家以后也要全力以赴每一战，就像是你的最后一战那样。"湖人队当时的主教练拜伦·斯科特说："那是很感人的一番话，因为他是如此说的，也是这样做的。"

至于科比，比赛期间他就有一种不真实感，"如在梦中"，他在赛后的发布会上说，这48分钟的最后时光里仿佛重新经历了20年，他一半的时间想着全心感受最后的时刻，一半的时间是像他一直所做的那样，追逐胜利，追求极致。

科比不愿意脱下他的球衣，这紫色与金色交织的战袍，从他的青春年少，到离别时刻，凝结了他的大部分人生。科比就这样穿着他那完全被汗水打湿了的球衣坐在新闻发布厅里，面对记者，进行他最后一次的赛后发布会。湖人队的工作人员最后给了他一件球队外套，因为他没力气再换上他来时的那套黑西装了。

科比回到场上，在地板上签下自己的名字，他和每一个跟球队相关的人聊天，他和妻子、女儿拍下一张又一张照片，当彩色的礼花从场馆上空落下来，他转过身来，一个在湖人队干了几十年的工作人员听到他说，像是喃喃自语，又像是发出疑问：

"我刚刚干了什么？"

作为一名职业篮球运动员,"黑曼巴"科比·布莱恩特最后一次创造了历史,给他的20年职业生涯画上了一个奇迹般的句号。

PART 6

英雄远去
传奇永恒

第1章

跨界，
再一次上路

在一个年轻人追求FIRE（财务自由早早退休）的时代里，退休似乎意味着享福，意味着有大把的时间，不需要为生计发愁，想干什么就干什么。但对于科比这样的人来说，他把过去20年的时间全心全意奉献给了他挚爱的篮球，所以当他不再是一名职业篮球运动员时，他就不再需要为比赛调整自己的状态，不需要按照营养师和体能训练师的要求来吃饭、休息、运动，也不需要每晚飞向不同的城市甚至不同的国家去打比赛。

"我的队友还有球队里的工作人员，他们都跟我说，'我不知道你接下来想干什么'，"科比说，"他们告诉我，球员们退役以后一般会度过一段抑郁期，经常会遭遇到身份认同危机，因为突然间过去贴在你身上的标签全都不见了。"

所以很多人会转成教练，或者解说员，在熟悉的行业里再多停留一会儿。但科比决定去闯荡新的赛道。

对于科比来说，退役并不是退休，而更像是毕业。他从篮球运动员的身份毕业，然后开始追逐新的更大的梦想。你很少看到科比继续流连NBA场边，或者上电视解说比赛，他几乎是决绝地离开了自己曾经钟爱的赛场，然后头也不回地去开创新的事业蓝图。

当然，科比还有篮球圈的朋友，湖人队老板珍妮·巴斯跟他的交情颇深，湖人队总经理罗伯特·佩林卡以前是他的经纪人，还有一些球员，比如詹姆斯、年轻新星凯尔·库兹马，他们会时不时聊天，而篮球总是交谈中绕不过的话题。但除此之外就不再有别的，他跟老东家之间没有任何的生意往来，除了球衣退役仪式等特别场合，他甚至很少再使用到"湖人队退役球员"这个称号。

科比现在更愿意别人称呼他为：讲故事的人。

科比开了一个媒体公司，有12名全职员工和许多兼职人员。"我一直都有种强烈的预感，科比会在他退役以后再创辉煌。"佩林卡在给《今日美国》的邮件里写道，"他是那种真正'活在当下'的人，过去的事情对他而言就是过去了，他只在乎把握现在的时光。"

说起来，他们两个人之间还有一件趣事。当佩林卡还是科比经纪人的时候，有一次他们两个在闲聊，科比突然跟他说："总有一天我要赢得一座奥斯卡。"佩林卡听完就大笑起来，科比也在笑，就好像是那种漫无目的的对话，吹破天也没关系。

但科比真的获得了一座奥斯卡。 2020年1月，当科比坐在自己的新工作室里接受《今日美国》采访时，他不再关注自己曾经的荣誉——5枚总冠军戒指、2次总决赛MVP、1次常规赛MVP。他的目光投向了一些新的奖杯：奥斯卡、体育艾美奖和安妮奖，那都是他制作的短片《致亲爱的篮球》为他赢得的荣誉。

"现在，它们是我最重要的东西，"科比说，"这些对我来说也很意外。小时

候我打篮球，当然会梦想过赢得总冠军之类的事情，但谁会想到我会进入到现在这个行业呢？谁能想到我能赢得一座奥斯卡小金人？"

科比对于故事和影片的爱好早已显露。

在成为篮球运动员之前，科比在高中的时候曾经上过创意写作课，在课堂上，他们会给还没到学龄的小孩子们讲故事，或者练习创作一些短篇小说。当时教他的高中老师珍妮·马斯特里亚诺说，科比一直都是个很会讲故事的人，创作能让他感到兴奋。

科比也记得在他的NBA岁月里，联盟和球队的市场营销人员会告诉他，为什么某些广告会给人带来特别的感受。

科比开始有意识地思考这一切是从20岁的时候开始的，当时他见到了著名的时尚设计师乔治·阿玛尼，并与他共进午餐。科比回忆道："我很好奇他创建公司的过程，然后他就告诉我，他在40岁的时候创办了阿玛尼这个品牌。我吓坏了，因为一般篮球运动员的职业生涯就到35岁或者36岁，那还得是很幸运的情况下。我的职业生涯还有很长，但我已经开始思考，那之后我要干些什么。"

科比开始挖掘自己的兴趣。一开始他试图寻找最赚钱的产业，但没过多久他就想明白了，他打篮球的初衷是热爱，那么第二事业的初衷也应该是热爱。科比后来在自己制作的电影的点映会上说："最后我发现，我最喜欢的还是那些感动人心的故事。"

科比喜欢《哈利·波特》系列，喜欢看《星球大战》系列电影，还有迪士尼电影，这些都是他忙碌的篮球生活中珍贵的精神食粮。他还喜欢阅读人物传记，去学习如何富有感染力地讲述故事。科比的祖父曾经寄给他看的那些球星纪录片也帮了大忙，从《拉里传奇》（拉里·伯德的传记片）到《"魔术师"与湖人王朝》，他从中学习到的不仅有篮球技巧和这些球星掌控比赛的方式，还有纪录片叙事的风格。逐渐地，他开始有意识地研究电影的叙事结构，研究人物的性格发展、故事如何构建延伸。

在科比篮球生涯的最后几年，由于伤病的原因，他有大把的时间可以用来构思故事，于是他有了一大堆的想法。于是，科比在2015年制作了《科比·布莱恩特的缪斯》，一部关于他的自传体纪录片。他深入参与制作，当第一版剪辑出来以后，他认为结构不够简洁，叙事不够动人，于是又冲进电视台的办公室里重新阐述了一遍他的想法，要求重新剪辑。科比对待自己的新事业就像对待篮球一样，带有一种完美主义的狂热。"你必须去做那些热爱的事情，"科比说，"我喜欢讲故事，我希望能够激励孩子们，为他们提供风帆，帮助他们远航。"

传记和纪录片之外，科比也开始创造属于自己的世界观。 他与作家艾薇·克莱尔合著了《伊波卡》系列，讲述了两个出身截然不同的孩子在精英体育学院发现自己的魔力并与邪恶势力勇敢斗争的故事，按科比本人的说法，这个作品就是一个"奥运会与哈利·波特结合而诞生的宝宝"。爱伦坡儿童文学奖得主韦斯莱·金也是科比的搭档，他们合著了《巫兹纳德》系列，这是一个魔法世界里的篮球队成长故事，每个孩子有不同的魔法和性格特点，他们会有碰撞和斗争，但也在过程中缔结了深刻的友谊。

在创作的过程中，作为工作狂的科比又出现了。克莱尔说："有时候我甚至会忘记那是科比，他就是个充满了一大堆写作点子的家伙，他总是滔滔不绝，而我的经验就是不要打断他，不要限制他的创意，直到我们充分理解他的意思并且找到简明的表达方式。"金也赞同这一点："科比拿出了对待篮球一样的热情来对待写作，这跟我打过交道的其他运动员都不一样。你知道，有些人可能会出书，但大部分人都不会真正参与到创作中来。但科比就是要对每一个故事情节的安排发展有很多意见，逐字逐句都要尽善尽美的人。"科比有时候会在半夜阅读书稿，然后提出反馈意见，克莱尔开玩笑说："要不是因为他是科比的话，我丈夫都得怀疑我了——到底是什么人才会天天凌晨打电话过来？"

凌晨四点的洛杉矶曾经见证过科比在篮球上追求卓越的汗水，如今，科比创作的一本又一本在《纽约时报》畅销榜排第一名的书籍，也见证着他所耗费的心神。

第 2 章

篮球，
女儿与传承

在普通人看来，科比就是那种传说中精力无限的工作狂，哪怕凌晨还在回邮件、打电话、修改书稿，每天早上八点左右他又会去办公室开始工作，下午两点离开去接女儿放学，三点半左右又回来继续工作。

考虑到洛杉矶令人发指的交通状况，为了尽量节省通勤时间，科比甚至有一个专门的团队来管理他的出行，包括他的几个司机、直升机飞行员及飞行相关的工作人员——他经常乘车到机场，乘坐直升机出发，然后再坐车到达目的地，这样，地面通行需要两个小时的行程就能够被缩短到30分钟。太太瓦妮莎曾经提出过反对，她说她可以负责接送女儿们，不需要科比这么匆忙地往返，但科比坚持要自己来，他说他已经因为篮球错过许多跟家人相聚的时间，现在必须抓紧每一分每一秒。

科比喜欢忙碌，甚至是迷恋忙碌的感觉。"是的，他总是说：'我没有时间和朋友在一起，我要忙于成功，我要忙于成为最好的人。'"保罗·加索尔后来回忆说："他总是公开谈论这些，听上去似乎有些道理，但是……"

科比太忙了，行程也安排得太满了，所以在退役之后，科比实际上很少观看NBA球赛，除非有哪个熟悉的球员希望他帮忙分析一些比赛录像，否则他宁可每天晚上陪着家人度过愉快的休闲时光。

直到2019年，他的二女儿吉安娜提出要求，要每天晚上都看NBA球赛直播。 她现在有自己喜欢的球员了——湖人队的勒布朗·詹姆斯、安东尼·戴维斯，老鹰队的特雷·杨和独行侠队的卢卡·东契奇。科比有时候也会带她去现场，就像2019年12月21日，科比父女俩出现在布鲁克林篮网队与亚特兰大老鹰队的比赛场边那样，随着比赛形势的发展，科比不断给女儿做一些战术评点和分析，而吉安娜则不时点着头，从父亲这里汲取关于篮球的智慧。

科比开了两家青少年篮球培训机构，取名叫"曼巴体育学院"，其中一家在千橡市，旗下有一支叫"曼巴队"的篮球队，那正是吉安娜所在的球队。而科比，就是这支球队的主教练。

吉安娜是科比看好的接班人。

2018年，科比做客《吉米·金米儿脱口秀现场》，在节目上，他分享了一则

PART6　英雄远去　传奇永恒

关于吉安娜的趣事："有时候我们出门会遇到一些球迷围过来，他们会说，啊，科比，你跟瓦妮莎得生个男孩，继承你的衣钵，传承你的辉煌。但吉吉（吉安娜的昵称）就站在我身边，她说：'这一点我就能完成，不必非得有个儿子，我就能搞定这一切。'"他大笑着说，"当然，她当然可以。"

吉安娜13岁时，就已经展现出优越的天赋，科比经常带着吉安娜去康涅狄格大学女子篮球队的比赛现场，也时不时邀请WNBA球员来指点吉安娜她们球队练球，在一些流传出来的吉安娜比赛的片段中，她在场上已经颇有一些父亲的风采。

值得一提的是，吉安娜梦想着成为一名WNBA球员，她非常喜欢水星队的戴安娜·陶乐西，而陶乐西本人则从小就是科比的球迷，用她自己的话说，就是"科比让那个小女孩梦想成为一名湖人队球员"。

科比亲自传授女儿关于篮球的一切技巧，但也放手让她自己去领悟，关于篮球和人生中的所有成长。这是他在岁月之中悟到的道理。科比相信，无论一个人在生活里选择了什么赛道，最终要成功的配方只有一个：被灵感的缪斯启发出好奇的火花，然后有目的地探究和发现，从中获得经验和成长。最重要的是，成功人士还必须愿意分享。

"当年纪越来越大，你就开始慢慢理解，要有一个更广阔的视野，你必须不能敝帚自珍，要与人分享，才能取得更大的进步。如果你分享了自己的收获，你就获得一份影响力。"科比说，"这种分享不是说教，不是强迫别人接受自己的理念，而是展示给别人看，'我是这样走到这里的，你看，这就是我的旅程'。接下来，别人就可以按照自己的理解来共享这份收获，并最终找到属于自己的方法去开启旅程。"

在刚刚退役的时候，科比对执教NBA球队这件事敬谢不敏，他说自己根本没有足够的耐心去当一个教练。但在教导女儿的过程中，他仿佛自然地就找到了这份耐心。

"去执教一支青少年球队，你必须非常认真非常用心，因为你不仅需要对她们的运动表现负责，也是在帮助孩子们培养完整的人格。"科比说，"所以你必须知道，不能对孩子的表现过于挑剔，她们在过程中一定会犯这样那样的错误，你要允许她们犯错。"

所以，科比会花大量的时间去教导孩子们如何运球、如何防守走位、如何阅读对方的动作，他认为，这些基本的篮球知识是孩子们最需要熟练掌握的。但当比赛开始以后，他通常会坐下来安静观看，任由孩子们发挥。

只分享经验，不干预发展。相同的态度也体现在科比在自己的培训机构里为WNBA球员举办训练赛，指导几个NBA球员的暑期训练上，以及他制作的篮球分析节目也是如此。

2018年，科比推出了《细节》，一个在ESPN和ESPN+上播放的篮球分析电视节目。他在这个节目上充分分享了自己20年职业篮球生涯中所获得的感悟和智慧，他自己撰写稿件，又当主持人，分析联盟里包括他自己在内的若干顶级球员的技术风格，分析比赛的走势，尽管常常因为预测失准而被舆论善意嘲笑为"毒奶大王"，但因为全是一针见血的干货而备受硬核球迷推崇。

"这个节目不是面向广大球迷的，而是做给那些真正能理解我们在讨论什么的百分之一的篮球人看的，"科比承认，"有趣的是，我们做了这个，好像又重新回到了所有人的视线里，但这并不是我们的初衷。"

科比有那么多、那么多关于篮球的感悟收获想要分享。在2021年1月23日发表的《今日美国》采访里，科比向大家透露，ESPN已经跟他的工作室签下续约合同，他们将续订三季《细节》。

第 3 章

天空，此去无归途

2021年1月26日，科比和吉安娜照常踏出家门。这一天，千橡市的曼巴体育学院举办的"曼巴杯"青少年女子篮球锦标赛将迎来第二个比赛日，吉安娜和她的球队已经做好准备，而科比当然会在场边看着她施展自己的才华。

科比和家人们住在橘郡，距离千橡市大概有60公里的距离，考虑到洛杉矶的交通情况，这就意味着大概两个小时的车程。所以，按照科比的习惯，他当然是采取直升机出行。他们这次的飞行路线是从约翰韦恩·橘郡机场飞往卡马里奥，司机会在他们降落的地方等着他们，然后送他们去千橡市附近的曼巴体育学院。为了方便，吉安娜的两个队友艾丽莎和佩顿以及她们的父母，还有球队的助理教练克里斯蒂娜·毛瑟，也登上了直升机跟他们同行。

这次的飞行员是阿拉·佐巴杨，50岁的佐巴杨是一名资深的直升机驾驶员，作为Island Express直升机公司的首席飞行员，他的累计安全飞行时长达到8000小时，这个数字几乎是一般直升机驾驶员职业生涯累计小时数的两倍。他是科比的专属飞行员，有坊间传闻说，如果飞行员不是佐巴杨，科比甚至会拒绝乘坐直升机出行。

当天早上8点39分，佐巴杨在他们那个"科比出行协调组"的聊天群里发了一条消息。

"直升机目前位于橘郡，正在待命。"

这段航程对于科比而言并不陌生，他跟女儿经常这样飞过去，就在前一天，也是佐巴杨驾驶着这架飞机，载着科比和吉安娜飞过同样的航线，那次航行甚至是在恶劣天气条件下完成的。头一天晚上，在把科比父女跟其他乘客送回橘郡之后，他在群里发了一条消息说自己刚刚查看了明天的天气预报，并表示："明天不是最好的一天，但也没有今天这么糟糕。"

但天气确实也不好，这一天，洛杉矶的天空布满大雾，云层很低，这给飞行造成了困难。当天早上起床之后，佐巴杨再次查看气象报告，最后决定照常执行飞行计划。

因为天气的影响，飞机延迟了15分钟起飞，当他们离开地面的时候，时间是早上的9点06分。一开始的航程颇为顺利，他们从洛杉矶的东南郊区出发，很快飞过了洛杉矶市区，来到了洛杉矶西侧的格伦代尔市附近，即将进入伯班克机场的空域，如果一切顺利的话，他们将在10分钟之内抵达卡马里奥机场。但是，伯班克塔台告诉他们，机场现在有架飞机正在低高度做复飞，要求他们在空域外盘旋等待。塔台还表示，伯班克C类空域目前执行仪表飞行规则。

飞行员一般执行的是目视飞行规则，指在可见天地线和地标的条件下，能够判明航空器飞行状态和目视判定方位的飞行，气象要求能见度最低4.8千米，低于云高150米。如果达不到这个气象要求呢？那就得执行仪表飞行规则，是完全或者部分地按照航行驾驶仪表，判定航空器飞行状态及其位置的飞行。

佐巴杨有仪表飞行的执照，但他的仪表飞行时长只有1000小时出头，也就是说，这个老牌的飞行员对仪表飞行规则多少有一些生疏。所以他向塔台申请执行特殊目视飞行规则，这是一种边缘气象下的飞行规则。

美国海军退役直升机飞行驾驶员杰克·克雷斯说："特殊目视飞行规则本身并不恐怖，但考虑到如此低的能见度，很低的云层，加上复杂地形，这让特殊目视飞行变得危险起来。"

标准的操作是申请返航，但佐巴杨并没有这样做，他申请特殊目视飞行规则，在边缘气象中继续飞行。这可能是一种"计划连续偏见"，飞行员越是接近目的地，就越不愿意推翻自己原有的计划。况且，今天是吉安娜的比赛日，如果可以的话，佐巴杨也不愿意耽误时间。

而且，作为一名老牌飞行员，佐巴杨有着丰富的边缘条件飞行经验，毕竟，头一天的天气比现在还糟糕，他依然安全地完成了飞行任务。以前也有过更坏的情况，2015年5月，佐巴杨曾经驾驶直升机遇到能见度低、不满足规定目视飞行条件的空域，他询问塔台能否保持目视飞行，遭到塔台的拒绝，被要求离开，但他还是进入该空域。事后他接受了联邦航空局的调查，遭到指责，他也承认了自己的错误。所以，现在空管人员毕竟同意了他执行特殊目视飞行规则，那么佐巴杨判断，现在的情况还在他的可控范围之内。

佐巴杨本来打算就在附近等待伯班克空域恢复通行，然后一路向西直达千橡市，但伯班克塔台告诉他，复飞的飞机要在三分钟内进入四边（飞机降落阶段寻

2020年1月26日，科比的私人直升机发生坠机事故，科比与女儿吉安娜不幸遇难，图片为坠机事故现场

2021年1月26日，科比去世一周年，球迷来到科比坠机事故地点，用石头摆出科比曾经的球衣号码8号，以此纪念科。

2021年1月26日，科比去世一周年，球迷来到科比坠机事故地点纪念科比。

找降落基准边的过程),他需要继续等待,而且,塔台刚刚跟伯班克西侧的相邻机场凡奈斯机场联系过,凡奈斯那边有很多架飞机正在起飞。伯班克塔台给出建议:你可以现在就切到机场北边,然后尝试沿着5号公路向北绕过凡奈斯机场。

佐巴杨对附近的公路和空域都十分了解,接下来他向伯班克塔台通报了自己的飞行意图,他说,他打算接受建议,沿着5号公路切到118号公路,绕过凡奈斯机场之后再往南飞回到自己原有的航线上。

他基本成功了,当他绕到凡奈斯机场的西北方向开始往南飞的时候,他申请通过凡奈斯空域。在与凡奈斯塔台的对话中,他通报自己的位置在450米的高度上,正在执行目视飞行规则——是的,当时的天气已经开始转好,能见度上升,他已经可以清楚地观测到周围的景象,以目测条件来判断姿态和与障碍物的距离。

这时候直升机即将进入卡拉巴萨斯山区,但现在他眼前出现了一片云,而云里的能见度是零。法律规定,对于直升机,只要空管人员同意,飞行员可以执行特殊目视飞行规则,可以在较低的能见度里飞行,但必须全程保持在云外。更何况,山里的地形复杂不同于平原,稍有不慎就会撞山或高压线。头顶有云,脚下有山,这是最危险的情况。

佐巴杨应该选择绕开山区,但目的地已经近在咫尺。一直以来,佐巴杨都是一个技术好、胆子大的飞行员,所以佐巴杨做出了一个冒险的决定。这时候塔台切换到南加州雷达进场控制中心,佐巴杨向空管人员通报,说他正在向上穿越云层,准备达到1200米的高空。

这是这架代号N72EX的西科斯基"S-76B"型直升机留在世界上的最后一条信息。

在后来调查这次飞行记录的过程中,美国国家交通运输安全委员会副主席布鲁斯·兰斯伯格从塔台留存的录音资料里听到了这段对话,兰斯伯格勃然大怒:"到底是目视飞行规则里的哪一条里允许飞行员穿越云层了?"

直升机起飞后一个小时还没能抵达目的地机场,Island Express公司副总裁惠特尼·巴吉打开软件,开始定位飞机的实时位置。"我们发现,定位最后一次出

153

现是在9点45分，之后就杳无音信。"巴吉说，"我不断刷新定位软件，祈祷着只是软件出了什么问题。"

软件没有问题，出问题的是佐巴杨的身体感觉。在云雾之中，由于身边失去了参照物，飞行员出现了飞行错觉，他误以为自己正在攀升到1200米的高空，但事实上，他正在不到500米的高度上飞行，然后向左倾斜，一路向下俯冲，最终坠入山谷。飞行安全顾问约翰·考克斯评价说，看这架直升机最后的飞行轨迹就知道，飞行员肯定是出现了空间定向障碍，他不知道哪一边是天空、哪一边又是地面，他也无法判断飞机在以什么姿态进行飞行。

"他不是第一个经历这种飞行错觉的人，"考克斯说，"这是坠机事故的常见原因。"

几秒之内，N72EX全速坠落。

美国国家运输安全委员会表示，这架西科斯基S-76直升机没有引擎出现故障的迹象，在直升机以每小时296千米撞击地面前，它的发动机仍在旋转。这次撞击在卡拉巴萨斯山造成了一个弹坑和散落的碎片，其散落面积相当于一个足球场，火焰吞没了残骸。

科比和吉安娜最终没能出现在那场比赛的赛场上，他们以后也不会有机会了。 他们父女俩，连同佐巴杨，还有余下的6名乘客，全部由于坠机时受到的巨大撞击而瞬间结束了生命。由于直升机上没有安装黑匣子，所以我们不知道他们在最后时刻是否感觉到死神的逼近，但整个坠落的过程不超过5秒钟。

科比的日程表总是满满的。

在此前一天，他跟吉安娜白天参加了"曼巴杯"的首个比赛日。晚上，他看着勒布朗·詹姆斯超越了他的职业生涯得分纪录，他在推特上给詹姆斯发去祝贺，他写道："继续前进，@KingJames。唯有敬佩，我的兄弟。#33644。"

在这一天，他本来要在"曼巴杯"第二个比赛日上执教。

三天之后，科比本来约了好朋友、网球巨星玛利亚·莎拉波娃，后者最近遇到了严重的身体问题，所以特地约了科比来咨询，问问他的经验，在这样的情况下应该怎样去解决这一问题。

科比的新书，《巫兹纳德》系列的第二本已经开始排版工作，预计两个月后就会上架。他跟WNBA联盟的管理层、市场营销人员和球星们开过无数次正式或非正式的会议，他们有一个宏伟蓝图，想要把女子篮球打造成更职业化、更具观赏性、能获得更多观众的运动。

科比还有那么多关于篮球、人生的感悟和收获想要分享，他还有那么多的故事要讲，还有那么多的事情要做，在5秒之内，所有的未完成的待征服的星辰大海都化为灰烬。

第 4 章

怀念，
生命的礼赞

科比从来不畏惧谈起死亡。

在他还年轻的时候,科比常常把"英年早逝"挂在嘴边,另一名NBA球星特雷西·麦克格雷迪回忆说,当时科比成天嚷嚷着要超越乔丹,还希望自己在年轻的时候就死掉,这样就能够永垂不朽。

那时候他们只有十几岁,还没有孩子,还不理解生命的意义。

在退役之后,科比在一次采访时表示:"**死亡是一种领悟。没有死亡就没有生命,如同黑暗是光明的必需,所以你只能坦然接受它,就像我决定退役的时候,那也是一个逐渐接受现实的过程,没有运动员是永恒的。如果你要否认这个事实,那你的内心一定会很挣扎。**"

科比说,他跟死亡之间有一种"很舒服"的关系。

但当他的死亡讯息突然传来,整个世界都被猝不及防的巨大悲伤淹没。作为历史上最具全球影响力的篮球巨星之一,科比是一代人的青春和回忆,他的"曼巴精神"甚至超出了篮球本身,在某种程度上成了一种信仰。在美国、在亚洲、在欧洲、在非洲,全世界都为之震动,就像后来迈克尔·乔丹在科比的悼念会上说的那样:"当他离开的时候,我的一部分也随他而去。我环顾整个体育馆,放眼望向全世界,所有人都有一部分跟着他一同长眠,这些记忆将和我们在一起,让我们陷入沉思。"

在科比的悼念会上,33643朵玫瑰摆在斯台普斯中心的舞台上,每一朵玫瑰都象征着他职业生涯中的一分。

科比的遗孀瓦妮莎代表布莱恩特家族做出决定,将曼巴基金加入吉安娜的外号,改名为"Mamba & Mambacita体育基金",更加坚定地发挥它的初衷——通过体育让年轻人得到更多机会。同时,他们还成立了一个基金,用来帮助在事故中逝世的其他受害者家庭。

NBA联盟决定将NBA全明星赛MVP奖杯以科比的名字来命名,新名字叫"科比·布莱恩特MVP奖杯"。

WNBA宣布将设置一个新的奖项——科比与吉安娜·布莱恩特WNBA促进奖,用来表彰那些对推动女子篮球运动发展做出巨大贡献的个人或团体:"科比为女子

篮球的发展做了很多努力,他是我们年轻球员的榜样和导师,不遗余力地宣传我们这项运动,而吉安娜一直分享着她的热情,为这项运动挥洒青春汗水,"WNBA总裁凯西·恩格尔伯特说,"我们希望能传承他们的精神,也将科比的火炬传递下去。"

科比的坠机事故让莎拉波娃感受到人生无常,需要把握当下,她决定退役:"我认为,有时候我们在人生旅途中会经历各种各样的事情,实际上,每个人都是脆弱的,当这件事情发生之后,我想,有很多更重要的事情等着我去做,所以在那一刻,我对自己的未来有了很好的思考,我做出了这个决定。"

2020年4月,科比与韦斯莱·金合著的《巫兹纳德:第一季》上市,立刻成为市面上最受儿童欢迎的奇幻小说,登上《纽约时报》畅销榜第一名。

2020年10月,湖人队在总决赛中击败迈阿密热火队,捧回了暌违已久的冠军奖杯。老板珍妮·巴斯捧起奖杯,对着话筒高呼:"科比,这个冠军是献给你的。"而詹姆斯也在赛后反复提到科比的名字:"**每当我穿上湖人队战袍,我就会想起科比留下的精神力量,我会想到他在20多年里为这支球队所奉献的一切。**"在整个季后赛里,"为科比夺得冠军"就是湖人队的信念所在。

2021年5月,科比正式进入奈史密斯篮球名人堂,乔丹作为他的引荐人在仪式上发言,而科比的大女儿娜塔莉娅则穿上了橙色的西装,代

替父亲接过名人堂戒指。名人堂也为科比设置了一个独立展厅：继乔丹之后，科比是历史上第二位能够享受到此待遇的名人堂成员。

2021年10月，WNBA球星坎迪斯·帕克带领芝加哥天空队4：1击败了菲尼克斯水星队夺得总冠军。帕克以前就经常得到科比的指点，她把这些教导称之为"科比主义"，并作为激励自己前进的力量。尽管科比已经不在人世，但当她即将踏入决战的这天早上，她依然习惯性地去寻求"科比主义"的指导，于是她给科比的遗孀瓦妮莎发了一条信息。瓦妮莎回复她说："用吉吉的方法去打球吧。" 帕克在夺冠后回忆道："瓦妮莎说，如果吉吉还有机会上场比赛的话，她一定会竭尽全力去拼搏的。所以就是这样，只要想着这一点，我们就可以迸发出巨大的力量。有时候心碎的事情也会让你迅速成长。"

薪火相传，不知其尽。虽死之日，犹生之年。在卡拉巴萨斯山区的迷雾中坠落的那五秒里，科比尚未完成的伟大蓝图或许遭到了损伤，但他做过的事情是有意义的，他播种下的种子已然在世界各处生根发芽。

在某种程度上，科比的确实现了年轻时的天真愿望，他获得了不朽的永生。

悼念科比

在我开始我的致辞之前,我想先纪念一下周日早上所有遇难的名字:Alyssa Altobelli,John Altobelli,Keri Altobelli,Payton Chester,Sarah Chester,Christina Mauser,Ara Zobayan,Gianna Bryant,Kobe Bryant。

我有事先写好的稿子,他们希望我照着念,以防出什么意外,但我如果照着念就是糊弄你们,所以我决定真诚地说几句。

第一件出现在我脑海里的事是关于家人的,我看着这座球馆,我们都在哀悼,我们都受伤了,我们都心碎了。但当我们在经历这种事情的时候,你能做的最好的事情就是倚靠你的家人,从事发那天早上到现在,湖人队的球迷们都是彼此的家人,我看到的都是这样,不只是球员、教练们,也不只在球队里,而是每个人,在这里的每个人,组成了一个大家庭。我知道吉安娜、科比、瓦妮莎都会很感谢大家。

我知道某个时刻我们会对科比致哀,但我将这视作一个纪念的夜晚,纪念他20年的血、汗、泪,纪念他疲累的身体被击倒却一次次地站起,纪念他竭尽全力追逐伟大的决心,今晚我们纪念那个18岁来到这里的孩子,那个38岁退役,然后成了过去三年可能是最好的爸爸的家伙。

今晚是一次纪念,科比就像是我的兄弟,从我高中时远远地看他打球,到我18岁进入联盟,近一些看他。我的生涯里我们有过的所有对决,我们一直共有的东西就是追逐胜利和伟大的决心。

我此时在这里,对我意味着很多,我想和我的队友一起尽可能长久地在比赛里继续科比的成就和意志,这也是科比希望的。现在,用科比的话说是Mamba Out,但用我们的话说是,永不遗忘。

你永远在我心里,兄弟。

勒布朗·詹姆斯

(2020年1月31日 湖人队主场赛前悼念科比仪式,詹姆斯致辞)

PART6 英雄远去 传奇永恒

　　我想说早上好，但现在是下午了。很感谢瓦妮莎和布莱恩特一家今天给我发言的机会。

　　我很感激能在这里纪念吉安娜，并带给大家科比为我们所有人留下的礼物——作为篮球运动员、商人、故事讲述者以及一名父亲所取得的成就。在篮球比赛中、在生活中、作为父母，科比没有任何保留，他把一切都留在了场上。

　　也许人们感到很惊讶，我和科比是非常亲密的朋友，但是我们确实是非常亲密的朋友。科比是我亲爱的朋友，他就像我的一个小兄弟一样。每个人都想把我们做比较。我只是想谈谈科比。

　　你知道，我们所有人都有兄弟姐妹，小弟弟、小妹妹无论出于何种原因，他们总是想要你的东西，你的衣橱啊、鞋啊，所有东西。这真是令人讨厌——如果我能说这个词的话。但经过一段时间，这种烦扰变成了爱，这是因为（你意识到）他们对你作为大哥哥或大姐姐的钦佩，（而他们）想知道他们即将开始的生活的每一个小细节问题。

　　他（科比）曾经在晚上23：30，凌晨2：30、3：00打电话、发短信给我，探讨有关低位背打、步法，有时候甚至是三角进攻（的问题）。起初，这让我很恼火，但后来这演变成了一种特定的热情。这孩子有着你永远不知道的热情。这是关于热情最奇妙的事。如果你热爱什么，如果你对某样东西有着强烈的热情，你会登峰造极地去尝试理解或是得到它，无论是冰激凌、可乐还是汉堡包，无论你热爱什么。如果你能走路，你会去（自己）拿；即便你要乞求某人，你也会要得到。

　　科比让我感到很激励的事情是，他真的在乎怎么去打比赛，或者说想要怎么样去打比赛。他想成为他所能成为的最好的篮球运动员。认识他后，我想成为一个我所能成为的最好的大哥哥。而要做到这一点，你必须忍受恼人的深夜电话，或是愚蠢的问题。

　　当我了解科比的时候，我感到非常自豪，因为他只是想成为一个更好的人，一名更出色的篮球运动员。我们探讨生意问题，谈论家庭，我们无话不谈。他只是想成为一个更好的人。

　　现在，你看他成功了，我又要有一个新的哭泣的表情包了……

　　我告诉我的妻子我不会做这种事，因为我不想在未来的三四年里看到自己的表情包。这都是因为科比。我很确定，瓦妮莎和科比的朋友都会说同样的事情——那就是科比知道以何种方式感染你，即使他是个讨厌鬼。但你总是会爱他，因为他能激励出最好的你。他对我就是这样的。

　　我记得大概是几个月前，他给我发了一条短信，他说："我正在努力教我女儿一些动作。我不知道我当时在想什么，在做什么，你在想要锻炼动作的成长过程中会想什么？"我说："几岁？"他说："12。"我说："12岁的时候，我想打棒球。"然后他回复我短信，嘲笑了我一番。而且，这也是在凌晨两点的时候。

163

关键是，我们可以谈论任何事情，不管是与篮球有关的，还是与生活有关的。而且，在我们成长的过程中，很少有朋友能像这样无所不谈。而当你能够与对手进行这般的谈话，就更罕见了。

1999年或者2000年的时候，我去见菲尔·杰克逊，我当时不知道他何时签了洛杉矶。我走进去，看到科比坐在那儿，他见到我的第一句话是："你带鞋了吗？"我说："没，我没想着要打球。"

但是他有热爱竞争和对抗的态度，他觉得这是可以让他提升他的能力的，这就是我爱这个孩子的地方。我非常喜爱这个孩子。他无论在哪里看到我，都（将我）视作一个挑战。我钦佩他是因为他的热情，你很少会看到一个人每天都在寻找（方法）努力提升自己，不仅是在运动方面，而且在为人父母方面、身为人夫方面。他所做的、他与瓦妮莎、与孩子们分享的举动都让我很受鼓舞。

我的女儿30岁了，我当上了外公。我有一对6岁的双胞胎。我迫不及待地要回家，成为一个女儿控，去拥抱她们，去享受她们带给我们的爱与微笑。今晚看到这些，我从中学到了，看着他（科比）如何对待他所爱的人，这些都是我们将继续向科比学习的东西。

致瓦妮莎、娜塔莉娅、碧昂卡、卡普里：我们夫妇将永远把你们放在心中最亲近的位置，为你们祈祷。我们会一直在你们身边，一直。我还要向所有受这一巨大悲剧影响的家庭表示慰问和支持。

科比把他的每一分每一秒都投入到他所做的每一件事情中，篮球比赛之后，他还展现了他的创造力，我想我们都不知道他有这样的创造力。退役后，他看起来很快乐。他发现了新的热情所在。作为一名教练，他继续回馈着社会。更重要的是，他是一个了不起的父亲、一个了不起的丈夫，他把自己奉献给了家庭，全心全意地爱着他的女儿们。科比从来没有在球场上留下任何东西。我想，这就是他想让我们做的。

没有人知道，我们的生命还剩下多少时间。这就是为什么我们必须活在当下，我们必须享受当下，我们必须尽可能多地与我们的家人、朋友和我们深爱的人在一起。活在当下，意味着享受与我们接触的每一个人相处的时光。

当科比去世，我的一部分也跟着他走了。当我环顾这个体育馆和全世界，你们的其中一部分也走了，否则你们就不会在这里了。这些都是我们要带着活下去的记忆，也是我们要从中学习的记忆。

我保证，从今天起，我将带着这样的记忆前行：我有一个小兄弟，我曾尽我所能想要帮助他。

请安息吧，小兄弟。

迈克尔·乔丹

（2020年2月24日"生命的礼赞"科比追思会，乔丹致辞全文）

我们再也不会看到一位像科比这般特别的球员了，单场得到81分，最后一场比赛得到60分，还有5座总冠军奖杯。但想到科比·布莱恩特，我最骄傲的部分是，整个洛杉矶有上百万人无家可归，科比每一天都努力帮助他们拥有一个家，他一直致力于此，充满热情。同时他也对成为一个好丈夫、好父亲、好的导师充满热情。

　　对整个NBA来说这是一个艰难的时刻，我希望所有人能牵起手来，我们需要共同面对这一艰难的时刻。团结起来，互相友爱，科比肯定愿意看到我们如此，这很重要。接着，让我们一起默哀8秒钟。

"魔术师"约翰逊

（2020年2月16日，NBA全明星赛前举行悼念科比的仪式，"魔术师"演讲缅怀科比）

　　NBA大家庭对科比和他的女儿吉安娜去世的消息感到极为震惊。

　　科比向我们展示了非凡的天赋与对胜利的绝对渴望相融合，能创造多大的可能性。他是我们这项运动有史以来最超凡的球员之一，取得了无数辉煌的成就，其中包括：5届NBA总冠军，一次MVP，18次全明星，以及两枚奥运会金牌。但他却更会因为对世界各地篮球爱好者的激励而被世人铭记。他对自己所获得的智慧十分慷慨，并把与后辈球员分享这些智慧视为自己的使命，也特别喜欢把他对于篮球的热爱传递给吉安娜。

　　我们向他的妻子瓦妮莎、他的家庭、洛杉矶湖人队以及整个篮球世界致以诚挚的慰问。

NBA官方

　　这次坠机事故对多个家庭来说都是一场悲剧，我要向瓦妮莎和失去亲人的家庭致敬。科比是天选之子，他在许多方面对许多人来说都是特别的，我们作为师徒的关系超越了普通关系，愿他在天堂安息。

菲尔·杰克逊

（NBA传奇教练、科比恩师）

　　科比的离开是NBA的巨大损失，他是一名真正的楷模、传奇，我真的很难接受这样的事实。我们作为对手有过很多次交锋，我们都拼尽全力，对彼此尊重。我会时常缅怀和他一起对抗的日子，他是一个伟大的对手，也是一个伟大的朋友。

格雷格·波波维奇

（NBA传奇教练）

科比是一个伟大的对手，是你在竞技体育中需要的角色。他有着极少数优秀运动员才拥有的基因，就像"老虎"伍兹和迈克尔·乔丹那样的名宿。

道格·里弗斯
（NBA著名教练）

我为科比的父母、瓦妮莎、娜塔莉娅、碧昂卡、卡普里、科比的姐妹们和所有的NBA球迷感到难过。失去科比、吉安娜以及所有在直升机上的人，实在是一场悲剧，太不可思议了。我会永远爱科比，永远珍惜和他一起度过的时光。我看着他从一个精力充沛的孩子成长为一个男子汉，看着他改变了许多人的生活。是他让世界变得更美好。科比的精神将永存。

杰里·韦斯特
（NBA名宿、科比的伯乐）

我很难用语言形容失去科比·布莱恩特的心情。我第一次见到科比时，他还是一个十一二岁的小男孩。作为科比父亲乔的朋友，我难以想象这会对乔和他的妻子带来多大的影响。在此我向科比一家致以最诚挚的悼念和祈祷。

科比以各种方式激励着新一代的年轻运动员，他是最早一批从高中直接进入NBA的球员，并且表现十分出色、统治了整个比赛，成为洛杉矶湖人队历史上最佳球员之一。我有幸观看了他拿下81分的那场比赛，那场比赛是我永生难忘的体育记忆。

卡里姆·阿卜杜尔-贾巴尔
（NBA名宿）

言语无法表达我今天的感受，只有两个词充斥我的脑海：悲痛和心碎。从昨天我听到这个消息以后，无论我做什么，我都无法摆脱这种感受。人们永远会记得我们是如何在这个联盟中竞争的，但对于我来说，意义要深远得多。

我们的故事开始于我们一起从NBA的黄金一代被选入联盟，以至于在未来也还是一段佳话。然而，他对于比赛的尊重和敬意，在我们每一次共同踏上球场进行比赛时，我都能亲自见证。我始终无法忘怀的关于他的画面，是在我们新秀赛季时，我第一次到洛杉矶做客，他来到我所住的酒店，带我去了一个餐厅。当我们准备回程离开的时候，他问我："你今晚打算做些什么？"我回答："我准备去夜店，你呢？"他说："我准备去球馆。"

PART6　英雄远去　传奇永恒

　　这就是他，一个对篮球保持着渴望的学生，为篮球、比赛而生的人。他永无止境地准备着。我们都可以从他的曼巴精神以及生活方式中学到东西。无论是作为对手、朋友还是兄弟，我都会永远尊重他。

　　我的思念和祈祷将会与他的妻子瓦妮莎、他的孩子、他整个家庭，以及其他在昨日悲剧中的遇难者同在。作为一个父亲，我没有办法去对他们的遭遇感同身受（太悲惨了）。我们现在的状态不太好，但我们会找到一起渡过难关的力量，因为那是科比想看到我们去做的事情。

阿伦·艾弗森
（NBA传奇球星）

　　在过去几天里，我一直在考虑我是否还应该参与我在迈阿密的活动。一方面我想自己待着深思我的兄弟和他的家庭对我和我的家庭意味着什么。想想科比想要的，他会怎么做？科比希望我们能继续前进，庆祝生活。所以我们就那样做吧。我会把我周五晚上的所有收益都捐给那些失去亲人的家庭，还有科比和瓦妮莎的基金会。我们将一起纪念那些在周日悲剧中失去生命的人们。安息吧，我的兄弟，我的挚友、好哥们，黑曼巴。直到我们再次相遇。

沙奎尔·奥尼尔
（NBA传奇球星、科比的湖人队队友）

　　我崩溃了，无语了，不敢相信，爱你科比。

凯文·加内特
（NBA传奇球星）

　　科比像我大哥一样，我就是无法相信这个消息，你会一直存在我心里的，我的兄弟。

保罗·加索尔
（NBA球星、科比的湖人队队友）

　　我的兄弟！真的讨厌我心里有那么多话想要说，此刻竟无语凝噎。我想说得最多的时候就是我说不出口的时候。我的内心因悲痛而呐喊，但却不能被听见。你不知道当我情绪低落的时候，要假装微笑有多难。你才打电话给我说，周五要来看我的比赛，你为我感到骄傲，"无论怎样，做真实的自己！"我们只是在开玩笑说你让吉安娜和她的队友训练得如此刻苦。我说她们需要休息一天。这种痛苦是难以忍受的撕咬！兄弟，为什么？吉安娜，为什么？为什么要把悲伤和痛苦独留给瓦妮莎？这令我难以释怀。我知道我不该质疑上帝的意志，要知道上帝是不会犯错的。就好像雨总是落在那些需要阳光的人身上，生命中的有些时刻根本无法用语言来描述痛苦。这次就是。你会继续被深爱，你会被想念，你会永远被铭记，你所遗留的将会永存。我们的友谊永远不会被忘记。我知道你会在我身边，即便我看不见你。安息吧！"没有道别。无论你身在何处，你都在我们心中。"

卡梅隆·安东尼
（NBA球星）

你给我的每一句话都会伴随我一生。

特雷·杨
（NBA球星）

科比是我们所有人打球的理由。他是我们的乔丹、我们的英雄，是我们的最佳球员。作为南加州长大的孩子，他是每个孩子都想成为的那个人。

保罗·乔治
（NBA球星）

我依然不知道我能不能够接受这件事情。我的父母总告诉我世界上的一切都事出有因，全部都是上帝的安排。但这件事不一样。手指骨折、跟腱断裂，任何伤病你都能挺过来。 你战胜过一切！你就是这么与众不同！有时候我们之间的竞争太激烈了，以至于你都不知道我是如何把你作为我的前行目标！在你身上我能看到，如果想要成为像你一样的人，我究竟还需要付出多少努力！但你对比赛有再多的热爱，还是远不及你对你的女孩们的爱！全部5位你爱的人！

吉安娜，我们已经约定好了她和小保罗的婚事，她是多么美丽、多么有活力！当我看到退役的你享受人生的快乐，我默默祈祷，我希望我的宝贝女儿也能像吉安娜看你那样看我！我爱你，我的兄弟，我会一直一直想念你。我所有的爱与瓦妮莎和患难家庭同在。

克里斯·保罗
（NBA球星）

PART6　英雄远去　传奇永恒

　　许多人说不认识科比，但科比真的无处不在，做说唱音乐，赢下总冠军，结婚生子，在场上受伤以及在电视里哭泣。你可以从科比的身上看到一切，他把人生活到了极致。我有幸在1988年出生，因此我可以见证科比的一切以及他的辉煌。

凯文·杜兰特

（NBA球星）

　　我的英雄，我的偶像。您是我爱上篮球的原因，长大以后，我要像您一样。您能够成为我的良师益友，我充满感激。

杰森·塔图姆

（NBA球星）

　　科比影响了我的生活，他是我开始打篮球的原因之一。在我的成长过程中，他是我的偶像。不，他不只是我的偶像，可能是一代人的偶像。对我们来说，他就是我们这代人的迈克尔·乔丹。

扬尼斯·阿德托昆博

（NBA球星）

　　我们无法用言语去形容，这个悲伤的消息有多么令人震惊。科比是史上最伟大的运动员之一，也是个忠实的罗森内里。我们与科比的家人，以及所有被这悲剧影响的人同在。科比，你将永远被铭记。

AC米兰官方

　　科比，我在布宜诺斯艾利斯见过你。祝你一切都好。也为科比的女儿以及同乘人员感到遗憾。再见，传奇。

迭戈·马拉多纳

（阿根廷传奇球星，2020年11月25日，突发心梗去世，享年60岁）

这样的悲剧发生在科比身上之后，我花了几个小时才想好自己要写什么，但文字依然无法描述我内心的感受。他是一位非常特别的运动员、丈夫、父亲和朋友。写下这样的文字非常困难，但我们也知道自己失去了一个非常棒的人，也失去了他漂亮且充满天赋的女儿吉安娜，这真的令人心碎不已。对于自己热爱的运动，科比付出了自己的全部，他的精神激励着每一个人。他在遭遇病痛的时候坚持比赛，他在绝境的时候实现对比赛的终结，好像只有他才可以激励我变得更好。有时，我看篮球比赛的时候特意只看最后两分钟，因为我知道自己将会见证一些特别的事情。科比总是会谈论瓦妮莎和他漂亮的女儿们，他为她们感到自豪。对于自己的家庭和篮球，科比总是充满激情。科比致力于激励下一代的男孩和女孩去拥抱他所热爱的运动，他所留下的遗产将永垂不朽。对于瓦妮莎和孩子们，对于科比的篮球大家庭，对于昨天和他一样遭遇悲剧的人的家人，我和家人向他们致以哀悼之情，我和家人也爱着他们。

大卫·贝克汉姆
（英格兰传奇球星）

　　非常痛心得知科比和他的女儿丧生的消息。科比是一名真正的传奇，鼓舞着无数人。向他的家人和朋友，以及在坠机中不幸丧生的人的所有家人致以慰问。R.I.P.传奇。

克里斯蒂亚诺·罗纳尔多
（葡萄牙足球球星）

　　我当时惊呆了。我当时正在跟儿子们一起看新闻，然后看到这个消息，我当时都惊呆了。谁也不能相信这样的事情，一开始我以为是假新闻，但这的确发生了，当我意识过来的时候，一切很绝望。

　　当这样的事情发生，或者我们有什么严重的疾病，这些都会让我们意识到我们现在多么幸运，我们应该去享受现在。但我们总是在不停奔波，从一个地方到另一个地方，带着你的东西、你的家庭。有时你会忘了这些不幸的消息，但你需要记住这些不幸的事实，正是它们让我们知道怎么去享受生活、怎么去面对问题。

里奥·梅西
（阿根廷足球球星）

　　科比是一个伟大的导师，也是一位好朋友。没有足够的言语能够表达我对于布莱恩特一家，以及所有在这个悲剧中遭受痛苦的家庭的最深的同情。

PART6　英雄远去　传奇永恒

希望上帝祝福你和你的吉安娜。谢谢你曾经在那里激励我，激励整个世界。你向运动员们展示了该如何去拼搏，如何去尊重运动。谢谢你为我们留下了无与伦比的精神。我永远不会忘记你无论到哪里都传播正能量的微笑。你和你的女儿会永远活在我们心里。R.I.P. 我的朋友，我爱你。

诺瓦克·德约科维奇
（塞尔维亚网球巨星、大满贯得主）

我今早醒来，听到了世界上最伟大的运动员之一不幸去世的可怕消息。科比·布莱恩特、他的女儿吉安娜和其他乘客。我向他的妻子和家人表示哀悼。我很震惊。

拉菲尔·纳达尔
（西班牙网球巨星、大满贯得主）

这很难用语言表达，我总觉得这不是真的。我跟所有人一样，非常震惊，这是最悲惨的日子之一。科比充满激情，好胜心极强！他每个晚上都展现出这一特征，不管是在球场上，还是在赛场外。在NBA历史上，并不是很多人可以做到这一点的。他的防守令人窒息。显然他曾经统治了进攻，但每一次比赛他都去对阵对方最好的球员，努力防死他们。我想这是他整个职业生涯最令人印象深刻的一面。然后，他在跟腱撕裂之后还站到罚球线上将罚球命中，这太坚韧了。

泰格·伍兹
（美国高尔夫巨星）

科比和吉安娜，这很难接受，我永远不会忘记你的慷慨，以及你在我最艰难的时刻与我共度的时光，我永远感激不尽，我的心与你和你的家人在一起。

玛丽亚·莎拉波娃
（俄罗斯网球天后、大满贯得主）

我很伤心地听到，我们失去了最伟大运动员之一的科比，包括我在内的许多人有这样的感受。我为他的家人和全世界仰望他的人们深感难过，愿他和他的女儿安息。

刘易斯·汉密尔顿
（F1世界冠军）

后记
你要如何铭记科比·布莱恩特？

他在NBA征战了20年，赢得五次总冠军，入选18次全明星，在整个联盟极具个性的天才之间，人们一眼看过去也总能看见他。他永远独特又独立，甚至可以说与周围环境格格不入。在科比漫长的职业生涯里，最经常得到的评价之一就是"独"，他看上去一直是个独行者，他偶尔也会这样形容自己：他是意大利小学里罕见的黑人小孩，是费城郊区里连英文都讲不太好的"半个"意大利人，是妄想着征服NBA的18岁小子，是常常与队友起冲突的工作狂。

在很长的一段时间，我们以为科比只在乎自己，只在乎获得胜利，就像我们曾经见过的上一代NBA球星。但当他的职业生涯延伸到30岁后，当他与一场又一场缠绵的伤病搏斗，他与自己达成一种微妙的和解，也开始逐渐向世界袒露真实的自己。科比坦然承认，他会愤怒，他有时候会变得非常自私，他天生好斗的动物本性常常裹挟他的行为——他承认，这都是"伟大背后的丑陋"。

我们也无法忘记2003年的鹰郡，一个19岁的女孩控告科比强奸了她，而科比因此被逮捕。科比方面坚称那个女孩是自愿的，他的律师团队甚至公开对女孩进行羞辱，最后原告放弃出庭做证，双方达成民事和解，而科比公开向对方道歉："我现在可以理解了，她感觉自己并不是自愿的。"

这也是科比故事的一部分。

当我们试图对科比盖棺定论的时候，有些人会提起这些丑陋的部分，并以此为理由抹去他曾经留给这个世界光辉灿烂的部分；另一些人，则完全相反，他们会闭口不提那些冲突和争议，仿佛任何提及这些的人就是在侮辱科比。两种反应都真实存在而且值得理解，但科比是他所经历过的一切的集合，他给他身边的人带来过荣耀和快乐，也曾经带来过伤害和痛苦。

蒙蒂·麦卡钦执裁了科比职业生涯的最后一战。在这场比赛的最后时刻，当场上的其他队友正在准备罚球的时候，他走向科比，与这位相识已久却从未深交的球星简单聊了几句。他们进入联盟的时间相差无几，一个作为球星，一个作为裁判，当初都是青涩的毛头小子，二十年过去，如今都成了彼此领域里的领头羊。他们之间曾有过太多的矛盾，不知道多少次，他们在场上对彼此燃起怒火，从心底认为对方是故意给自己工作造成了巨大麻烦的混蛋，但最后的这一刻，麦卡钦走向科比："无论我们之间曾发生过什么，我们曾经对彼此说过什么，都是出于我们真实的自我。我非常感谢这一切。"

真实，或许才是我们最应该用来形容科比的字眼。因为真实所以复杂，因为真实所以神秘，因为真实所以富有无与伦比的魅力。他的曼巴精神，他的"伟大背后的丑陋"，他的智慧，他的自私与无私，这所有的一切，加在一起构成真实的科比·布莱恩特。

我们曾经把科比称为"下一个乔丹"，但我们都知道，我们也许永远无法等到下一个科比。联盟里的伟大球员如星辰升落自有规律，但詹姆斯、杜兰特、库里和以后未来会出现的巨星们都是简单易懂的传奇，在社交网络和手机摄像头包围的世界里显得像是我们身边的朋友。我们也会津津乐道他们的成功与失败，见证他们的快乐、悲伤甚至嫉妒，但他们永远都不会像科比一样成为一种狂热又偏执的迷信。

2017年，科比在生日那天观看了红极一时的音乐剧《汉密尔顿》，这部音乐剧讲述了美国国父之一的亚历山大·汉密尔顿的生平，他的辉煌和污点，他的忠诚与背叛。不知道当最后一幕的音乐响起，科比会不会有那么一秒钟想起自己：

让我告诉你一个秘密

我年少追梦时不曾懂得的道理

你无法控制

谁活着，谁死去，谁评述你的传奇

……

历史会永远注视着你

附录

绝杀瞬间

2015年1月4日，湖人队88：87步行者队

科比职业生涯的最后一次绝杀，经历过大伤之后的"黑曼巴"还是那个熟悉的冷血刺客。比赛进行到最后时刻，湖人队以86：87落后一分，科比的投篮和大卫·韦斯特的三分球先后偏出，还剩25秒时，湖人队获得了宝贵的球权。面对所罗门·希尔的防守，科比先是佯装突破，在身体接触的瞬间，他顺势后转身挤进三秒区，运球调整一步。眼看篮下的罗伊·希伯特不敢上前协防，科比选择在所罗门·希尔面前抛投，球空心入网，时间还剩12.4秒。步行者队最后一攻，罗伊·希伯特的仓促出手没能命中，成就了科比的最后一次绝杀表演。

2013年3月3日，湖人队99：98老鹰队

这个赛季，战绩的压力迫使科比超负荷地连续作战，他用自己的表现诠释了什么叫把球队扛在自己肩上。本场比赛第4节后半段，湖人队方面除了慈世平命中两记三分球，剩下的8分都是科比拿下的。霍福德扣篮帮助老鹰队以98：97领先，时间还剩26.7秒，湖人队进攻，科比在右侧三分线接球。面对换防的霍福德，科比这次没有选择最常用的后仰跳投，他运球加速突破直杀篮下，迎着约什·史密斯的协防封盖，将球放进篮筐。最后9秒，老鹰队的最后一攻直接被湖人队防死，球传到科比手中时，他将球高高地抛向斯台普斯中心的空中，尽情挥洒着完成绝杀球的喜悦和激动。

2010年3月9日，湖人队109：107猛龙队

比赛还剩9.5秒结束时，克里斯·波什的三分命中一度让猛龙队看到了希望，但随后这一丝希望就被科比扼杀。加索尔接到边线球后直接传给了右侧三分线外的科比，科比面对安托万·赖特的防守选择突破底线方向。眼看科比开始移动，本该盯防奥多姆的巴格纳尼直接上前夹击，在两个人的合力封盖面前，科比在底线附近转身跳起完成投篮，在篮下卡位的克里斯·波什眼睁睁看着球飞过自己头顶落入篮筐，湖人队最终在主场拿下一场胜利。

2010年2月23日，湖人队99：98灰熊队

这是科比单赛季的第 5 次绝杀，面对老对手灰熊队，科比在这场比赛的最后时刻又一次成为救世主。比赛进入最后 1 分钟，科比的三分球命中，帮助湖人队扳平比分。但随后鲁迪·盖伊投篮命中，帮助灰熊队以 98：96 领先，保罗·加索尔投篮失手，湖人队只能使用犯规战术，可 O.J. 梅奥竟然两罚不中，又是熟悉的剧情。湖人队最后一攻，科比的突破被马克·加索尔封盖，好在球权仍在湖人队手中，时间还剩 8.8 秒。湖人队为科比安排了无球战术，借助保罗·加索尔的掩护，绕出三分线的科比获得空位机会，接到奥多姆的传球后，科比直接拔起投三分，球应声入网，湖人队反超比分。最后 4.3 秒，O.J. 梅奥也获得一次绝杀的机会，但他的投篮没能命中，最终灰熊队在主场饮恨。

2010年1月31日，湖人队90：89凯尔特人队

做客挑战老对手凯尔特人队，科比虽然 20 投 8 中，只得到 19 分，但在最关键的时刻，他给了"绿衫军"致命一击。比赛进行到最后 1 分钟，落后 3 分的湖人队先由慈世平挺身而出，他投篮命中后又造成皮尔斯进攻犯规，球权再次回到湖人队手中。科比接球后面对雷·阿伦走左侧突破，雷·阿伦死死卡住位置，科比对抗停球后虚晃一下直接原地拔起后仰，雷·阿伦伸直双臂完成一次完美的单防，但球还是直直地飞进篮筐。

2010年1月1日，湖人队109：108国王队

距比赛结束还剩 4.8 秒，国王队以 108：106 领先并拥有球权，就当球迷认为比赛已经没有悬念的时候，站上罚球线的乌多卡却两罚不中。保罗·加索尔抢到关键的篮板，留给湖人队的时间还剩 4.1 秒。暂停回来，湖人队边线球发到了弧顶三分线外的加索尔手中，此时科比反跑和防守他的塞尔吉奥·罗德里格斯身体接触后得到空位的机会，加索尔送出助攻，科比接球的同时跳步调整，直接拔起投出一记压哨绝杀三分球，斯台普斯中心瞬间沸腾，全场响起了"MVP"的呐喊声。

2009年12月16日，湖人队107：106雄鹿队

加时赛还剩 1 分 25 秒结束时，雄鹿队已经以 106：100 获得了 6 分领先，但随后的比赛再次进入科比时间。跳投、突破 2+1，科比连拿 5 分缩小分差，雄鹿队的里德诺和里德连续两次投篮偏出。最后一攻的机会再次回到湖人队手中，科比接球后，面对查理·贝尔，他突破至左侧三分线内一步时半转身呈背打姿势。节奏上的变化让查理·贝尔多往后撤了一步，科比趁势半转身面对篮筐来了一记后仰跳投，不出意料，球进的同时计时器亮灯，雄鹿队输给了湖人队！

2009年12月5日，湖人队108：107热火队

这场比赛被无数球迷奉为经典，两大超级得分后卫为球迷献上了一场巅峰对决。比赛还剩 3.2 秒结束时，韦德造成科比犯规走上罚球线，两罚一中的结果为随后的绝杀时刻埋下伏笔。

落后 2 分的湖人队只能孤注一掷相信科比。摆脱双人夹击接到边线球后，科比只能向弧顶方向行进。面对韦德的步步紧逼，科比单脚起跳，飘移着几乎用单手将球投出，球在空中划出完美的弧线砸到篮板后笔直地弹进了篮筐。尽管有一点运气成分，但结果就是这么神奇，108：107，科比绝杀了韦德，湖人队战胜了强敌！

2009年1月9日，湖人队121：119步行者队

麦克·邓利维三分球命中扳平比分后给湖人队留下了 26.4 秒，面对绝杀的机会科比选择压时间。面对贾瑞特·杰克的防守，科比在还剩 7 秒时开始启动，他先是背打向三分线内推进，行进到罚球线附近时直接翻身跳投。尽管矮了科比一头的杰克奋力起跳干扰，但可惜他的防守对科比完全无效，球压哨入筐后，比赛也失去了悬念。

2008年1月14日，湖人队123∶121超音速队

新秀赛季的杜兰特虽然还稍显稚嫩，但也展现出不错的得分潜力，本场比赛第 4 节最后时刻，正是他的三分球拯救了球队。但进入加时赛后，科比又一次挺身而出接管比赛，最后时刻他连得 4 分将比分改写为 121 平。杜兰特投篮不中，还剩 20.3 秒结束时，球权回到湖人队手中。面对还是新秀的杰夫·格林，科比突左侧后拔起后仰，用自己最擅长的方式绝杀比赛，全场轰下 48 分，给杜兰特好好上了一课。

2006年4月30日，湖人队99∶98太阳队

2005—2006 赛季季后赛首轮，湖人队和太阳队苦战 7 场遗憾落败，虽然球队没能晋级，但科比的表现可圈可点，尤其是 G4 的精彩绝杀，更是被球迷奉为经典。第 4 节还剩 12.6 秒时，湖人队还落后 5 分，但斯马什·帕克先是命中三分，随后抢断纳什，科比在还剩 0.7 秒时命中投篮，将比赛拖入加时赛。加时赛进行到最后，落后 1 分的湖人队包夹纳什获得争球机会，中场跳球后球落到科比手中。他带球一路推进至罚球线附近，面对拉贾·贝尔和迪奥的双人防守，果断拔起后仰跳投，计时器亮起，球应声入网，绝杀就是这么轻松写意！

2005年12月4日，湖人队99∶98山猫队

能够在决定胜负的关键时刻命中最简单的罚球，考验的不仅是投篮基本功，更是球员的心理素质，这场比赛就是最好的证明。

比赛还剩 17.4 秒结束时，科比造成基斯·博甘斯犯规，他稳稳地两罚全中，帮助湖人队将比分追至 97∶98。山猫队进攻科比对布莱文·奈特犯规，走上罚球线的奈特两罚不中，给了湖人队机会。最后一攻科比造成伯纳德·罗宾逊犯规，再次站上罚球线，科比还是稳稳地两罚全中，最终湖人队依靠科比的罚球绝杀拿下一场胜利。

2005年11月2日，湖人队99：97掘金队

2005—2006赛季湖人队的首场比赛便是奔赴客场挑战掘金队，两队常规时间打成89平，进入紧张刺激的加时赛，科比开始接管比赛。97平之后，湖人队握有最后一攻的机会，夸梅·布朗虽然没有打中，但抢到进攻篮板，在比赛还有3秒左右结束时，球传到科比手中，科比先是假动作晃起安德烈·米勒，随后在米勒和纳胡拉双人封盖下完成急停跳投，球飞进篮筐的同时，结束铃响起，掘金队再次成为科比封神的背景板。

2005年3月12日，湖人队117：116山猫队

终场前1分23秒，联盟新军山猫队还以5分领先湖人队，甚至在最后还剩近1秒时依然掌握着1分的领先优势，但科比最后0.9秒绝杀山猫队，并率领湖人队以117：116取胜，而科比在第4节斩获21分以及绝杀演出，令人叹为观止。他全场砍下32分。

2004年4月14日，湖人队105：104开拓者队

科比在第4节最后1秒面对帕特森投进三分球，把比赛拖入加时赛。而在第二个加时赛最后时刻，科比再度在拉特利夫头上投中三分球。湖人队以105：104险胜对手。"双绝杀"就此诞生！

2003年12月19日，湖人队101：99掘金队

原本握有4分领先的湖人队最后时刻进攻"断电"，"小甜瓜"安东尼连续两次造成犯规，四罚全中，帮助掘金队在比赛还剩2.5秒结束时扳平比分。湖人队的最后一攻还是选择相信科比，在弧顶三分线外接球的他这次选择向左侧突破。时间所剩不多，科比机智地用急停拔起的假动作晃飞贴防的琼·巴里，并在计时器响起前完成出手，哨响、球进，掘金队成为科比的背景板。

2003年4月4日，湖人队102∶101灰熊队

第4节中段，湖人队曾一度落后对手18分之多，但在科比和奥尼尔的带领下，他们在还剩26.1秒时追平比分。保罗·加索尔造成霍里的犯规，但两罚只有一中，灰熊队101∶100再次领先，留给湖人队的时间只剩下3.3秒。科比再一次站了出来，弧顶三分线外接球后启动突破。面对防守悍将巴蒂尔的贴防，科比选择运一步直接拔起后仰，尽管巴蒂尔伸手做出干扰，但球还是飞进篮筐，球进、哨响，又是一次完美的压哨绝杀！

2002年12月6日，湖人队105∶103独行侠队

比赛还剩30秒结束时，双方战成了103平，球权掌握在湖人队手中，执行最后一攻的任务交到了科比手中。面对范埃克塞尔的防守，科比选择了直接运球突破，还是熟悉的右侧三分线内一步的位置，看到了随时可能上前补防的诺维茨基，科比直接选择翻身跳投，范埃克塞尔只能在身后目送科比完成绝杀。值得一提的是，第4节开始时湖人队61∶88落后独行侠队27分之多，科比单节轰下21分的同时，还用一记绝杀帮助球队完成了逆转。

2002年5月12日，湖人队87∶85马刺队

2001—2002赛季季后赛第二轮G4，比赛还剩2分10秒时，科比三分命中将比分改写为85平，此后双方陷入"得分荒"。湖人队最后一攻，德里克·费舍尔罚球线跳投不中，科比冲入禁区在史蒂夫·史密斯头顶抢下进攻篮板，面对大卫·罗宾逊的封盖，他轻巧地挑篮命中完成绝杀。

2002年2月22日，湖人队96∶94黄蜂队

比赛还剩9.7秒时，P.J.布朗投篮命中，帮助黄蜂队将比分追至94平，湖人队最后一攻，科比接球后无视篮下要位的奥尼尔，选择了自己单打，他突破至右

侧三分线内一步，急停虚晃找到空间，出手、球进、哨响，整个过程一气呵成，让防守他的乔治·林奇无可奈何。

2001年2月13日，湖人队113∶110篮网队

比赛还剩 37 秒结束时，泰伦·卢的得分将比分改写为 110 平，篮网队鲁西奥斯·哈里斯三分球不中，湖人队握有最后一攻的机会。科比借奥尼尔的掩护杀进内线，面对三人包夹上篮命中，还造成了肯扬·马丁的犯规，他罚球命中后湖人队也以 113∶110 拿下这场胜利。

2001年2月7日，湖人队85∶83太阳队

比赛还剩 11.5 秒结束时，汤姆·古格里奥塔接基德助攻命中三分，比分被改写为 83 平，随后湖人队进攻科比中投命中留给太阳队 2.3 秒时间，克利福德·罗宾逊最后三分球远投不中，成全了科比的又一次绝杀表演。

2000年5月10日，湖人队97∶96太阳队

1999—2000 赛季季后赛第二轮 G2，比赛还剩 43 秒时，湖人队以 94∶96 落后太阳队 2 分，科比造成哈达威犯规，但两罚只有一中，随后太阳队的进攻哈达威没能得分，最后 20 秒，落后 1 分的湖人队将球交给科比，面对贾森·基德的贴身盯防，科比中距离跳投命中，只给太阳队留下 2.5 秒的时间，随着哈达威投篮不中，湖人队拿下最后的胜利。

1999年12月27日，湖人队108∶106独行侠队

比赛进行到最后 1 分钟，奥尼尔罕见地两罚全中帮助湖人队 106∶103 领先，随后迈克尔·芬利迎着科比防守命中三分球，帮助独行侠队扳平比分。

湖人队执行最后一攻，科比接球后直杀篮下，虽然后转身上篮不中，但造成

了肖恩·卢克斯防守犯规，站上罚球线的科比两罚全中，帮助湖人队赢下对手。

虽然那年只有 21 岁，但科比已经展现出自己强大的内心，关键时刻方显英雄本色，绝杀球日后也逐渐成为科比的代名词。

1999年5月9日，湖人队101：100火箭队

科比将绝杀献给了休斯敦火箭队，那个赛季火箭队拥有哈基姆·奥拉朱旺、查尔斯·巴克利和斯科蒂·皮蓬的"三巨头组合"，湖人队和火箭队在季后赛第一轮相遇。

系列赛第一场进行到最后时刻，奥尼尔抢篮板造成巴克利犯规，可惜奥尼尔两罚仅一中，湖人队 99：100 还落后 1 分。

火箭队进攻，皮蓬出现失误被德里克·费舍尔抢断，时间还剩 7 秒，湖人队还有机会。当时还不满 21 岁的科比最后选择运球突破，防守他的萨姆·马克被胯下变向晃得失去重心，马克自己倒地的同时也带倒了科比，裁判响哨吹罚马克犯规，科比站上罚球线两罚全中。随着卡蒂诺·莫布里最后的上篮被奥尼尔封盖，湖人队拿下了本场胜利，并最终以大比分 3：1 淘汰了火箭队。

猎杀时刻

2013年3月8日，湖人队118∶116猛龙队

第4节还剩8.4秒结束时，科比在进攻中投中绝平三分，帮助湖人队延续获胜的希望。加时赛中，科比再次挺身而出，最后26.9秒，湖人队进攻，科比运球直杀篮下完成扣篮，此时时间还剩10.6秒，湖人队以117∶115取得两分优势。在随后的比赛中，猛龙队阿兰·安德森造成霍华德犯规，但两罚只有一中，随着纳什最后命中罚球，湖人队最终以118∶116击败对手。

2012年3月31日，湖人队88：85黄蜂队

贾瑞特·杰克再次成为科比的背景板，比赛还剩35.9秒结束时，以83：85落后的湖人队拥有球权，面对比自己矮了一头多的杰克，科比在左侧三分线外直接拔起，完全忽视杰克的防守。这记精彩的准绝杀再次点燃斯台普斯中心，最后20.2秒，在全场球迷的助威声中，杰克没能命中救赎之球，随着马特·巴恩斯两罚全中，湖人队有惊无险地拿下一场胜利。

2012年2月12日，湖人队94：92猛龙队

比赛进行到最后时刻，三分球你来我往，比分节节上升，还剩16.9秒结束时，何塞·卡尔德隆投篮命中，帮助猛龙队以92：91反超比分。暂停过后湖人队进攻，科比接球后顺势向底线方向运球，在詹姆斯·约翰逊没有及时跟上的情况下，科比半转身面对篮筐完成一记经典的后仰跳投，球进的同时给对手留下4.2秒的时间。猛龙队最后一攻竟然发球违例，祭出犯规战术的他们无奈地将科比送上罚球线，随着科比两罚一中，比分定格在94：92。

2010年1月13日，湖人队100：95独行侠队

比赛还剩42.9秒结束时，贾森·基德助攻德克·诺维茨基投中三分球，比分变成95平。随后是湖人队的进攻，科比面对约什·霍华德，突破一步后直接拔起后仰跳投，球进的同时给独行侠队留下了28.9秒的时间。可惜的是，独行侠队的丹尼尔两罚不中，约什·霍华德和贾森·特里的三分球也没能命中，安德鲁·拜纳姆和乔丹·法马尔的罚球帮助湖人队以100：95拿下了胜利。

2009年1月13日，湖人队105：100火箭队

比赛还剩47.9秒结束时，肖恩·巴蒂尔命中三分球帮助火箭队以100：99反超比分。随后是湖人队的进攻，科比接球后顶着巴蒂尔的封堵在三分线外一步

投篮命中，以彼之道还施彼身，科比的这记三分球杀人诛心。随后火箭队的进攻彻底哑火，保罗·加索尔在罚球线上4罚3中，帮助湖人队锁定胜局。

2008年5月21日，湖人队89∶85马刺队

2007—2008赛季西部决赛第一场，坐镇主场的湖人队和马刺队你来我往，比分始终没能拉开，最后时刻，蒂姆·邓肯禁区内自投自抢完成得分，85平。湖人队进攻，科比持球面对防守专家布鲁斯·鲍文，他先是借助保罗·加索尔的掩护急停急起拉开距离，运球到罚球线附近时主动对抗顶开鲍文，眼看没人上来协防，科比顺势直接拔起投篮，球应声入网。最后20秒，吉诺比利错失三分球之后，马刺队只能祭出犯规战术，萨沙·武贾西奇两罚全中终结比赛。

2006年1月12日，湖人队99∶98骑士队

科比和詹姆斯的正面对决为球迷奉献了一场经典的比赛，第4节最后时刻，科比接过湖人队的进攻大旗，他连续中投命中帮助球队紧咬比分。比赛还剩8.6秒结束时，科比顶着詹姆斯的贴身防守和伊尔戈斯卡斯的协防封盖中投命中，99∶97，湖人队领先2分。

骑士队最后一攻，詹姆斯造成科比犯规，虽然他第二罚不中，但德鲁·古登抢到关键的篮板球，最后4.2秒，詹姆斯还有机会，但可惜他的压哨投篮没能命中，骑士队只能吞下一场败仗。

2006年1月7日，湖人队112∶109快船队

快船队本赛季进步显著，这也让"洛杉矶德比"更具看点。本场比赛最后时刻，"船长"布兰德的投篮命中一度让球队看到赢球的希望，但科比在还剩11.4秒时突破抛投命中，110∶109，湖人再次取得领先。快船队最后一攻出现失误，斯马什·帕克抢断后直接完成扣篮，最终还是湖人队技高一筹。

2004年3月21日，湖人队104：103雄鹿队

科比在还剩 3.9 秒时的绝杀投篮没能命中，常规时间双方战成 92 平。加时赛中奥尼尔和卡尔·马龙合力拿下 10 分，一度让湖人队看到赢球的希望，但基斯·范霍恩的三分球命中帮助雄鹿队以 103：102 再次取得领先。危难时刻科比再一次挺身而出，面对范霍恩的防守，科比在弧顶运球找到节奏后直接拔起跳投，球进后给对手留下 25.1 秒。最后时刻范霍恩的两分以及里德的三分出手全都没能命中，凭借科比的准绝杀，湖人队笑到了最后。

2004年3月3日，湖人队96：93火箭队

比赛还剩 39.2 秒结束时，吉姆·杰克逊的得分帮助火箭队以 93：92 反超比分。暂停过后，科比借队友掩护在姚明的防守封盖下中投命中。最后 31.7 秒，姚明的投篮偏出，弗朗西斯只能对费舍尔犯规，"老鱼"稳稳地两罚全中，最终湖人队以 96：93 惊险战胜火箭队。

2003年4月6日，湖人队115：113太阳队

第 4 节比赛还剩 14.2 秒结束时，科比用招牌的投篮拯救球队，106 平，比赛进入加时赛。加时赛还剩 42.6 秒结束时，斯蒂芬·马布里两罚全中，将比分改写为 113 平。随后是湖人队的进攻，科比右侧三分线外接球，面对肖恩·马里昂，科比两次用脚步试探后直接拔起投篮，虽然踩进三分线，但两分球也足够致命。最后 29.6 秒太阳队斯塔德迈尔和马里昂先后投篮偏出，最终遗憾落败。

2000年6月14日，湖人队120∶118步行者队

　　1999—2000赛季总决赛第4场，带伤出战的科比成为球队的救世主，加时赛中，在奥尼尔6犯离场后他接管了比赛。比赛还剩7秒时，布莱恩·肖勉强出手打铁，此时科比从篮下飞起补篮命中，将比分改写为120∶117，最后5秒钟雷吉·米勒虽然造成里克·福克斯无球犯规一罚命中，但随后他的压哨三分却砸筐而出，湖人队以120∶118惊险地拿下这场胜利，系列赛总比分变为3∶1。最终，湖人队以4∶2战胜对手，"OK王朝"就此拉开序幕。

高分场次

2016年4月13日，湖人队101：96爵士队

这场比赛是科比的退役战，在全球的瞩目之下，科比面对爵士队拿到60分，并且比赛过程还极具戏剧性。科比带领着湖人队在一度落后15分的情况下上演大逆转，当他在罚球线上取得自己的第60分时，大概就是最完美的时刻。要知道，在此之前，NBA其他球员的谢幕战最高不过是29分，科比足足把这个数字提高到60分，大概真的是前无古人、后无来者了。

2009年2月2日，湖人队126：117尼克斯队

似乎每一个伟大的球星都需要在麦迪逊广场花园球馆留下属于自己的表演，比如乔丹，他曾经在这里缔造过多次经典，科比也不例外。2008—2009赛季，在湖人队做客麦迪逊广场花园球馆挑战尼克斯队的比赛里，科比全场31投19中，其中罚球20罚全中，拿下了61分。

在安东尼拿到62分之前，这场比赛的61分一度是麦迪逊广场花园球馆的最高分纪录。

2008年3月2日，湖人队108：104独行侠队

科比全场27投15中，罚球27罚20中，拿下52分，第4节和加时赛，科比一个人贡献30分，其中第4节拿下22分，加时赛拿下8分，此外，科比全场还贡献11个篮板、4次助攻、1次抢断、2个封盖，光芒无人能及。

2008年3月28日，湖人队111：114灰熊队

洛杉矶湖人队主场迎战孟菲斯灰熊队，结果科比大开杀戒，全场37投19中，一人狂砍53分、10个篮板，然而湖人队最终功亏一篑，以111：114惜负于灰熊队。

2007年4月15日，湖人队109∶98超音速队

那是2006—2007赛季，湖人常规赛的倒数第二场比赛。此前湖人队已经遭遇4连败，季后赛席位并不稳固。此番面对超音速队，科比火力全开，25投18中，其中三分球6投3中、罚球13罚11中，高效地砍下50分、8个篮板、3次助攻、2次抢断，这场50＋是科比单赛季拿到的第10场50＋，这是一个非常疯狂的成就！

2007年4月12日，湖人队110∶118快船队

湖人队主场迎战快船队，科比全场出战48分钟，33投17中，拿下全场最高的50分，但是湖人队以110∶118不敌快船队。

2007年3月30日，火箭队107∶104湖人队

湖人队主场迎战火箭队，科比出场47分钟，44投19中，拿下全场最高的53分，但是最终火箭队以107∶104战胜湖人队取得3连胜。

2007年3月23日，湖人队111∶105黄蜂队

湖人队背靠背迎战黄蜂队，科比前三节砍下44分，不过球队从领先17分到被对手追到6分。科比再次站起来，全场出战46分钟，29投16中，得到50分，率队以111∶105击败黄蜂队，球队获得4连胜，科比连续4场得分50+。

2007年3月22日，湖人队121∶119灰熊队

距离上一次单场60+过去不到一周时间，科比就再次火力全开，客场挑战孟菲斯灰熊队，在对方缺少顶级外线防守球员的情况下，科比出场45分11秒，拿下60分、5个篮板、4次助攻。灰熊队在保罗·加索尔的带领下一直紧咬比分，这位科比日后的内线搭档此战拿下35分、15个篮板、2次助攻，迈克·米勒投中6记三分球得到33分、7次助攻，虽然拥有一内一外两个得分点，但限制不住科

比也意味着灰熊队的输球在情理之中。

2007年3月18日，湖人队109：102森林狼队

湖人队在主场迎战森林狼队，科比三分球9投4中，拿下50分，率队以109：102击败对手。这是科比连续50＋的第二场。

2007年3月16日，湖人队116：111开拓者队

湖人队经过加时赛才惊险地战胜对手，毫无疑问，他们赢球的最大功臣是科比，全场比赛科比出场49分58秒，投篮39投23中，其中三分球12投8中、罚球12罚11中，65分、7个篮板、3次助攻、3次抢断是他交出的最终成绩。面对"青年近卫军"开拓者，科比给还是新秀的布兰顿·罗伊好好上了一课，"黑曼巴"用各种得分手段告诉球迷什么叫作第一得分后卫！

2006年12月29日，湖人队124：133山猫队

湖人队客场挑战山猫队，科比拿下全场最高的58分，但最后时刻他6次犯规被罚出场，湖人队苦战三个加时赛最后以124：133不敌山猫队，科比的58分也打了水漂。

2006年12月15日，火箭队101：112湖人队

这是姚明与科比的巅峰对决！首节比赛，姚明6分、4个盖帽帮助火箭队建立起19分的领先，科比仅依靠罚球拿下2分。而第2节的比赛，科比疯狂地轰下17分。

常规时间结束前28秒，姚明投中关键一球，扳平比分，将比赛送进加时赛。第一个加时赛，姚明与科比难较高下，当科比将比分超出，姚明再次帮助火箭队将比分扳平。第二个加时赛科比独得7分成了最后赢家，当他突破火箭队防线反

手扣篮,在斯台普斯中心飞翔的时候,这场好莱坞式的大戏画上了完美的句号。科比53分、10个篮板、8次助攻,姚明35分、15个篮板、4次助攻、8个盖帽。

2006年11月30日,湖人队132∶102爵士队

湖人队主场对阵爵士队,科比出场34分钟,26投19中,三分球3投2中,罚球15罚12中,他得到52分、4个篮板、3次助攻,湖人队132∶102击败爵士队。值得一提的是,科比本场比赛手感火热,三节比赛就砍下52分,第三节科比11投连中,单节狂砍30分。

2006年5月4日，湖人队118：120太阳队

这是科比季后赛唯一得分50+，湖人队在主场迎战太阳队，科比52分钟35投20中，得到50分，最终湖人队经过一个加时赛以118：126不敌太阳队。科比的50+没能为湖人队带来一场胜利，最终湖人队在3：1领先的大好情况下被太阳队4：3淘汰。

2006年4月14日，湖人队110：99开拓者队

湖人队在主场迎战开拓者队，科比全场28投17中，狂砍50分，这是他本赛季第6次得分达到50分以上，最终，湖人队以110：99击败开拓者队，基本锁定季后赛名额。

2006年4月7日，湖人队96：107太阳队

湖人队客场挑战太阳队，科比出战42分钟，33投19中，得到51分，可惜双拳难敌四手，太阳队7人得分上双，最终湖人队以96：107不敌对手。

2006年1月22日，湖人队122：104猛龙队

全场比赛科比出场41分56秒，46投28中，其中三分球13投7中、罚球20罚18中，得到81分的同时，还拿下6个篮板、2次助攻、3次抢断、1个盖帽。第1节科比打满12分钟，单节轰下14分完成热身；第2节他的手感热得发烫，登场6分钟又拿下12分；易边再战，科比进入"杀神模式"，变得几乎不可阻挡，单节20投15中，其中包括4个三分球，单节27分帮助球队逆转了14分的差距；最后一节比赛彻底成为科比的表演时间，虽然猛龙队想尽办法，可还是防不住他，科比单节28分远超猛龙队全队的19分，最终湖人队以122：104逆转猛龙队拿下一场胜利。

2006年1月19日，湖人队109∶118国王队

科比出战 44 分钟，35 投 17 中，拿到 51 分，其中科比首节势不可当，单节拿下 21 分，但湖人队最终还是以 109∶118 不敌国王队。

2006年1月7日，湖人队112∶109快船队

洛杉矶德比战，科比用自己的出色表现成为主宰者。他出场 45 分钟，41 投 17 中，其中三分球 15 投 7 中、罚球 10 罚 9 中，他带领湖人队在最后关头击败同城兄弟快船队。在这场比赛中，科比还有 8 个篮板、8 次助攻、1 次抢断。

2005年12月20日，湖人队112∶90独行侠队

单场 62 分只能排在科比生涯高分的第三位，但需要注意的是，这场比赛其实有着很大的不同。一来这是科比生涯第一次单场得分达到 60 分；二来科比仅仅出战三节就拿到了 62 分！在这场面对独行侠队的比赛里，三节过后科比出场 32 分 53 秒，投篮 31 投 18 中，其中三分球 10 投 4 中、罚球 25 罚 22 中，得到 62 分的同时，还有 8 个篮板、3 次抢断入账，而此时独行侠队全队不过只有 61 分。最后一节当科比的教练问他需不需要继续上场时，科比选择待在场下，否则得分一定更高。

2003年3月28日，奇才队94∶108湖人队

这场比赛是"飞人"乔丹在斯台普斯中心的最后一次表演，面对乔丹，科比的表现堪称无人能及，全场砍下 55 分致敬自己的偶像。

科比上半场独得 42 分，创造球队历史上半场的最高纪录；同时，科比全场拿下 55 分，创造当赛季全联盟单场得分最高纪录。最终，湖人队在主场以 108∶94 击败华盛顿奇才队，延续了主场对奇才队的 10 连胜。

2003年2月18日，湖人队106∶99火箭队

湖人队主场迎战火箭队，奥尼尔缺阵，科比再一次力挽狂澜。虽然拖着一条受伤的残腿，科比却拿下 52 分、8 个篮板，以及全队最高的 7 次助攻，第一个加时赛中湖人队所得的 9 分是科比一人包办的，最终湖人队以 106∶99 获得胜利。值得一提的是，姚明在该场比赛中首次 6 犯离场。

2003年2月12日，湖人队113∶102掘金队

科比疯狂地抢下 51 分，当时他 28 投 15 中，得到 20 次罚球，并且命中 18 球，洛杉矶湖人队在客场以 113∶102 轻取对手。

2002年1月14日，湖人队120∶81灰熊队

本场比赛，湖人队中锋奥尼尔停赛，科比挺身而出，在前三节就砍下 56 分，全场比赛，科比出场 34 分钟，34 投 21 中，其中三分线外 6 投 3 中、罚球 12 罚 11 中，此外他还贡献 5 个篮板、4 次助攻，湖人队主场以 120∶81 大胜灰熊队。

2000年12月6日，湖人队122∶125勇士队

湖人队客场迎战勇士队，科比 51 分钟 35 投 18 中，得到 51 分，这是科比的第一次 50＋，科比正式拉开了他的 50＋得分序幕。但不料当时效力于勇士队的安托万·贾米森在那场比赛中大爆发，他全场也轰下 51 分，成为第一个在科比头上轰下 50 分的球员，最终湖人队加时赛不敌对手，以 122∶125 落败。

得分 50+ 场次

赛季	比赛	出场时间	命中数	出手数	命中率	三分命中数	三分出手数
2005—2006	猛龙队 104：122 湖人队	42	28	46	60.9%	7	13
2006—2007	开拓者队 111：116 湖人队	50	23	39	59.0%	8	12
2005—2006	独行侠队 90：112 湖人队	33	18	31	58.1%	4	10
2008—2009	尼克斯队 117：126 湖人队	37	19	31	61.3%	3	6
2006—2007	灰熊队 119：121 湖人队	45	20	37	54.1%	3	7
2015—2016	爵士队 96：101 湖人队	42	22	50	44.0%	6	21
2006—2007	山猫队 133：124 湖人队	54	22	45	48.9%	4	11
2001—2002	灰熊队 81：120 湖人队	34	21	34	61.8%	3	6
2002—2003	奇才队 94：108 湖人队	41	15	29	51.7%	9	13
2006—2007	火箭队 101：112 湖人队	54	17	38	44.7%	5	8
2006—2007	火箭队 107：104 湖人队	48	19	44	43.2%	3	9
2007—2008	灰熊队 114：111 湖人队	42	19	37	51.4%	9	17
2002—2003	火箭队 99：106 湖人队	54	19	38	50.0%	3	9
2006—2007	爵士队 102：132 湖人队	34	19	26	73.1%	2	3
2007—2008	独行侠队 104：108 湖人队	51	15	27	55.6%	2	3
2000—2001	勇士队 125：122 湖人队	51	18	35	51.4%	2	7
2002—2003	掘金队 102：113 湖人队	31	15	28	53.6%	3	8
2005—2006	国王队 118：109 湖人队	44	17	35	48.6%	4	12
2005—2006	太阳队 107：96 湖人队	42	19	33	57.6%	5	11
2005—2006	快船队 109：112 湖人队	45	17	41	41.5%	7	15
2005—2006	开拓者队 99：110 湖人队	44	17	28	60.7%	5	10
2006—2007	森林狼队 102：109 湖人队	45	17	35	48.6%	4	9
2006—2007	黄蜂队 105：111 湖人队	47	16	29	55.2%	2	5
2006—2007	快船队 118：110 湖人队	48	17	33	51.5%	1	4
2006—2007	超音速队 98：109 湖人队	42	18	25	72.0%	3	6

	三分命中率	罚球命中率	罚球命中数	罚球次数	篮板	助攻	抢断	盖帽	失误	犯规	得分
	53.8%	90.0%	18	20	6	2	3	1	3	1	81
	66.7%	91.7%	11	12	7	3	3	0	2	3	65
	40.0%	88.0%	22	25	8	0	3	0	2	3	62
	50.0%	100.0%	20	20	0	3	0	1	2	1	61
	42.9%	94.4%	17	18	5	4	0	0	2	4	60
	28.6%	83.3%	10	12	4	4	1	1	2	1	60
	36.4%	83.3%	10	12	5	4	0	0	4	6	58
	50.0%	91.7%	11	12	5	4	1	0	0	1	56
	69.2%	88.9%	16	18	5	3	3	0	3	5	55
	62.5%	87.5%	14	16	10	8	2	1	5	1	53
	33.3%	85.7%	12	14	2	2	0	0	3	2	53
	52.9%	85.7%	6	7	10	1	3	0	1	4	53
	33.3%	100.0%	11	11	8	7	0	3	5	4	52
	66.7%	80.0%	12	15	4	3	0	1	1	5	52
	66.7%	74.1%	20	27	11	4	1	2	5	2	52
	28.6%	100.0%	13	13	7	8	2	1	8	4	51
	37.5%	90.0%	18	20	3	2	2	0	0	1	51
	33.3%	100.0%	13	13	9	4	1	0	4	2	51
	45.5%	80.0%	8	10	5	3	1	0	2	3	51
	46.7%	90.0%	9	10	8	8	1	0	3	2	50
	50.0%	78.6%	11	14	6	1	5	0	3	4	50
	44.4%	85.7%	12	14	6	3	3	0	3	1	50
	40.0%	100.0%	16	16	7	0	1	1	2	2	50
	25.0%	100.0%	15	15	9	1	2	0	3	3	50
	50.0%	84.6%	11	13	8	3	2	0	1	2	50

数说科比

0
- 科比职业生涯0分场次为15场，大部分场次出现在他的职业生涯早期。

1
- 科比在2007—2008赛季荣膺常规赛MVP，这是科比职业生涯唯一一次获得常规赛MVP。
- 科比20年职业生涯只效力洛杉矶湖人队一支球队。
- 1996—1997赛季全明星赛，科比获得扣篮大赛冠军。

2
- 2008—2009赛季、2009—2010赛季，科比两次当选总决赛MVP。
- 2005—2006赛季、2006—2007赛季，科比两次加冕NBA得分王。
- 科比获得2008年北京奥运会、2012年伦敦奥运会两届奥运男篮金牌。

3
- 科比连续3个赛季季后赛总得分超过600分的球员：633（2008），695（2009），671（2010），科比是历史首位达成此成就的球员。

4
- 在2007年3月17日至3月24日，科比再创得分神迹，连续轰下65分、50分、60分、50分，带领湖人队连续击杀开拓者队、森林狼队、灰熊队、黄蜂队。连续4次得分50+是NBA最长纪录。
- 科比4次获得了全明星MVP奖杯，与鲍勃·佩蒂特并列成为全明星MVP的最多获得者。
- 科比有4个女儿。2003年1月19日，科比的第一个女儿娜塔莉娅出生；2006年5月1日二女儿吉安娜出生；2016年12月5日三女儿碧昂卡出生；2019年6月22日四女儿卡普里出生。

5
- 科比5次赢得总冠军，包括1次三连冠和1次两连冠。

6
- 科比单场60+的场次共6次，在联盟历史上仅次于张伯伦。

7
- 2006年2月13日湖人队对阵爵士队的比赛，科比送出了7次抢断，为生涯单场最多。
- 科比7次获得西部冠军。

8
- 科比在湖人队生涯早期一直穿的是8号球衣，8号时期科比获得：3次总冠军、8次全明星、1次得分王、8次最佳阵容、6次最佳防守阵容。

9
- 科比9次入选最佳防守阵容一队，与迈克尔·乔丹、加里·佩顿和凯文·加内特并列历史第一。

10
- 10号是科比在美国国家队的球衣号码，科比在2008年和2012年随美国队夺得奥运会金牌。

11
- 科比11次入选年度最佳阵容一队。
- 科比曾两次单节投篮命中11球，为职业生涯最高纪录。

12
- 科比生涯12次入选最佳防守阵容，其中9次是最佳防守阵容一队，3次是最佳防守阵容二队。
- 科比单场三分球命中数最多为12球。

13
- 1996年首轮第13顺位被夏洛特黄蜂队选中，随即交易至洛杉矶湖人队。

14
- 2016年4月14日，科比正式宣布退役。

15
- 科比生涯15次入选NBA最佳阵容，包括11次一队、2次二队、2次三队。
- 科比15次以首发身份出战全明星赛。

16
- 科比是参加圣诞大战最多的球员，从1996年到2015年，科比16次参加圣诞大战，科比无疑是NBA赛场上真正的"圣诞大战老人"。

17
- 2015年1月15日，湖人队对阵骑士队的比赛，科比贡献17次助攻，是职业生涯单场最高。
- 科比17次获得NBA月最佳球员。

18
- 科比18次入选全明星，仅次于贾巴尔的19次，排在历史第二位。但是，科比连续18次入选，创造了NBA历史纪录。
- 1997年1月28日对阵独行侠队，18岁5个月5天的科比首发出战，成为最年轻的首发球员。

19
- 19岁175天，科比成为最年轻的全明星首发球员。

20
- 科比在湖人队打了20个赛季，这是NBA历史上效忠一队的球员中第二长的纪录，仅次于德克·诺维茨基在达拉斯独行侠队的21个赛季。
- 2009年2月2日对阵尼克斯队的比赛，科比20次罚球全部命中，单场罚球命中率100%。

21
- 科比职业生涯共获得21次三双。
- 2008年5月4日对阵爵士队的比赛，科比单场罚球命中21球，创造季后赛单场罚球命中最高纪录。

22
- 科比季后赛单场打铁最高纪录为22次。
- 1999—2000赛季NBA总决赛，科比首次拿到总冠军，当时他仅仅22岁。

23
- 科比职业生涯单场罚球命中数最高为23球，曾两场比赛罚中23球。

24
- 从2006—2007赛季开始，科比由8号改穿24号，在身穿24号球衣期间，2次总冠军、2次FMVP、10次全明星、1次得分王、7次最佳阵容、6次最佳防守阵容。

25
- 科比单场50+的场次达到25次，在联盟历史上排名第三。

26
- 2004年奥尼尔从湖人队转会至热火队，奥尼尔的离开使科比生涯首次成为球队老大，当时科比26岁。

27
- 科比生涯单场罚球出手次数最多为27次。
- 2005—2006赛季，单个赛季取得40分或以上场次27次。

28
- 科比单场投篮命中数最多为28球。

29
- 科比职业生涯29场比赛数据超过40分、5个篮板、5次助攻。

30
- 科比单场打铁次数最多为30次，47投17中。

31
- 1996—1997赛季NBA全明星新秀赛，科比砍下31分，但是阿伦·艾弗森获得MVP。
- 31岁184天，科比成为最年轻的1000场先生。
- 31岁291天，科比成为季后赛最年轻的5000分先生。

32
- 1999—2000赛季季后赛，科比一共贡献32次盖帽，这是科比单赛季季后赛盖帽总数最高纪录。

33
- 科比职业生涯33次获得周最佳。
- 科比高中身穿33号球衣，带领球队获得州冠军。
- 科比总决赛一共贡献33个盖帽。

34
- 科比是历史首位在34岁之后连续10场比赛得分30+的球员：2012—2013赛季。
- 34号是科比老大哥奥尼尔在湖人队时期的号码，"OK组合"联手拿到三连冠，开创湖人王朝。

35
- 科比全明星赛一共犯规35次，失误35次。

36
- 科比季后赛单场罚球命中10次或者超过10次的场次为36场。

37
- 时年37岁的科比在他职业生涯最后一个赛季曾连续3场得到25分，成为乔丹（2003年，40岁）之后首位能在37岁或以上达此成就的球员。

38
- 科比全明星赛一共贡献38次抢断。
- 科比季后赛单场出手次数最高纪录为38次。
- 2016年，38岁的科比宣布退役。

39
- 科比生涯一共39次单场出场时间达到或者超过48分钟。

40
- 2009年6月4日，湖人队对阵魔术队的比赛，科比砍下40分，是其生涯总决赛最高得分。
- 科比队在对阵NBA联盟29支球队完成了单场得分40+的壮举。

41
- 2020年1月26日，科比因直升机事故遇难，享年41岁。
- 科比生涯一共41场单场得分低于5分。

42
- 科比季后赛单场失误5次及以上的场次为42场。

44
- 科比职业生涯单场命中5个及以上三分球场次为44场。

46
- 科比职业生涯单场打铁次数超20次的场次为46场。
- 科比职业生涯单场命中15个及以上罚球场次为46场。

48
- 科比总决赛三分球命中数为48个。

49
- 2009—2010赛季季后赛，科比一共三分球命中49个，这是科比单赛季季后赛三分球命中总数最高纪录。

50
- 2016年4月14日，科比在退役战中出场42分钟，50投22中，得到60分。50次投篮出手是科比职业生涯单场出手最多纪录。
- 科比季后赛单场得分纪录为50分。

52
- 科比季后赛单场出场时间最高纪录为52分钟。
- 科比季后赛52场比赛数据超过25分、5个篮板、5次助攻。

53
- 科比季后赛单场得分20分以下的场次为53场。

54
- 科比曾经在三场比赛中出场54分钟，这是他单场出场时间最高纪录。

60
- 2016年4月14日，科比在NBA生涯最后一场比赛中出战42分钟，50投22中，三分球21中6狂砍60分，打破NBA球员退役战得分纪录，同时，科比以37岁234天的年龄，成为NBA历史单场60+年纪最大的球员。

61
- 2009年2月3日，科比在湖人队对阵尼克斯队的比赛中拿到61分，这是客队球员在NBA圣地麦迪逊广场花园球馆的最高得分纪录。

62
- 2005年12月21日，在湖人队对阵独行侠队的比赛中，科比前三节狂砍62分，而独行侠全队在前三节才得了61分。62分是NBA历史上三节得分最高纪录。
- 科比连续罚球命中纪录为62次。

65
- 科比总决赛一共抢断65次，暂列NBA历史第4位。

66
- 科比季后赛单场罚球出手10次及以上的场次为66场。
- 科比季后赛66场比赛数据超过20分、5个篮板、5次助攻。

67
- 科比单场三分球出手次数10次及以上的场次为67场。
- 科比季后赛单场投篮出手25次及以上的场次为67场。

68
- 科比全明星赛三分球出手68次，命中22球，命中率为32.4%。

70
- 科比全明星赛共送出70次助攻。

74
- 1996—1997赛季，科比生涯第一次季后赛之旅总得分74分。

75
- 科比全明星赛摘得75个篮板。

78
- 科比季后赛得分30+场次为78场，NBA历史第一。

79
- 科比季后赛单场三分球投篮出手5次及以上的场次为79场。
- 2009—2010赛季季后赛，科比失误79次，这是科比单赛季季后赛失误总数最高纪录。

81
- 2006年1月23日，湖人队对阵猛龙队，科比单场81分创造了NBA历史排名第二的纪录，本场比赛，科比出战42分钟，46投28中，三分球13投7中，罚球20罚18中，得到81分。

85
- 科比职业生涯85场比赛数据超过35分、5个篮板、5次助攻。

86
- 科比职业生涯单场助攻数10+次为86次。

88
- 科比季后赛得分30+场次为88场。

89
- 1999—2000赛季季后赛，科比犯规89次，这是科比单赛季季后赛犯规总数最高纪录。

90
- 2018年3月13日，科比凭借和动画师格兰·基恩合作的短片《亲爱的篮球》获第90届奥斯卡最佳短片奖。

92
- 科比职业生涯常规赛得分不到10分场次为92场。

93
- 科比职业生涯单场命中15球及以上的场次为93场。

97
- 科比职业生涯单场0犯规场次为97场。

108
- 科比季后赛单场投篮命中10球及以上的场次为108场。

109
- 科比单场出手次数30次及以上的场次为109次。

113
- 科比职业生涯单场篮板10+场次为113场。

118
- 科比季后赛单场助攻5次及以上的场次为118场。
- 科比总决赛一共犯规118次。

119
- 科比全明星赛共命中119球。

122
- 科比单场40+的场次共122次，在联盟历史上排名第三，仅次于威尔特·张伯伦和迈克尔·乔丹。

123
- 科比季后赛单场得分25分及以上的场次为123场。
- 科比总决赛一共失误123次，暂列NBA历史第3位。

124
- 科比季后赛单场篮板5次及以上的场次为124场。

126
- 2009—2010赛季季后赛，科比一共贡献126次助攻，这是科比单赛季季后赛助攻总数最高纪录。

131
- 2009—2010赛季季后赛，科比三分球出手共131次，命中率为37.4%，这是科比单赛季季后赛三分球出手总数最高纪录。

132
- 科比季后赛单场投篮出手20次及以上的场次为132场。

133
- 1996—1997赛季，科比生涯首次季后赛之旅共出战9场，场均出战时间14.8分钟，总出场时间133分钟，湖人队止步西部次轮。

138
- 2009—2010赛季季后赛，科比一共抢得138个篮板，这是科比单赛季季后赛篮板总数最高纪录。

143
- 进入NBA联盟之前，科比在参加阿迪达斯篮球训练营穿的球衣是143号，因此在加入NBA联盟后，他便将1、4、3三个数字加起来，"8"号就成了他的第一个球衣号码。

153
- 科比职业生涯单场数据超过30分、5个篮板、5次助攻场次为153场。
- 科比总决赛三分球出手次数为153次。

167
- 科比季后赛得分20+场次为167场。

174
- 2008—2009赛季季后赛，科比罚球命中174次，这是科比单赛季季后赛罚球命中总数最高纪录。

177
- 2013—2014赛季，科比遭遇伤病，仅仅出场6场，单赛季总出场时间为177分钟，这是科比职业生涯单赛季总出场时间最少纪录。

180

- 2005—2006赛季，科比单赛季三分球命中180球，这是科比职业生涯单赛季三分球命中数最高纪录。

181
- 2002—2003赛季，科比单赛季共抢断181个，这是科比职业生涯单赛季抢断总数最高纪录。

187
- 科比总决赛一共贡献187次助攻，暂列NBA历史第10位。

197
- 2008—2009赛季季后赛，科比罚球出手一共197次，这是科比单赛季季后赛罚球出手最高纪录。

220
- 科比季后赛为湖人队出战220场。

223
- 科比总决赛罚球命中223次。

233
- 2005—2006赛季，科比单赛季一共犯规233次，这是科比职业生涯单赛季犯规总数最高纪录。

238
- 科比全明星赛出手238次，命中率50%。

242
- 2008—2009赛季季后赛，科比一共命中242球，这是科比单赛季季后赛命中总数最高纪录。

248
- 科比职业生涯单场数据超过25分、5个篮板、5次助攻场次为248场。

252
- 科比职业生涯单场失误数5次及以上的场次为252场。

263
- 科比总决赛罚球总数为263次。

264
- 科比职业生涯单场罚球命中10个及以上的场次为264场。

285
- 科比总决赛两分球命中数为285个。

288
- 2002—2003赛季，科比单赛季一共失误288次，这是科比职业生涯单赛季失误总数最高纪录。

290
- 科比全明星一共得分290分。

292
- 科比季后赛一共命中292个三分球。

333
- 科比总决赛一共命中333球，暂列NBA历史第12位。

336
- 科比职业生涯单场数据超过20分、5个篮板、5次助攻的场次为336场。

360
- 2011—2012赛季，科比生涯最后一次季后赛之旅总得分360分。

395
- 从1996年到2015年，科比16次出现在圣诞大战上，他职业生涯在圣诞大战中拿到395分，科比的圣诞大战总得分仅次于詹姆斯，排在历史第2位。

412
- 科比单场罚球出手10次或者超过10次的场次为412场。

431
- 科比职业生涯常规赛得分30+场次为431场。

475
- 科比总决赛打铁475次。

481
- 2002—2003赛季，科比单赛季共贡献助攻481个，这是科比职业生涯单赛季总助攻数最高纪录。

510
- 科比职业生涯输球场次为510场。

518
- 2005—2006赛季，科比单赛季三分球出手518次，这是科比职业生涯单赛季三分球出手次数最高纪录。

530
- 2008—2009赛季季后赛，科比一共出手530次，命中率为45.7%，这是科比单赛季季后赛出手总数最高纪录。

539
- 1996—1997赛季，科比生涯首个赛季总得分539分。

564
- 2002—2003赛季,科比单赛季共得到564个篮板,这是科比职业生涯单赛季总篮板最高纪录。

640
- 科比职业生涯贡献640次盖帽。

655
- 科比总决赛两分球出手655个。

695
- 2008—2009赛季季后赛,科比出战23场,一共得到695分,这是科比单赛季季后赛总得分最高纪录。

696
- 2005—2006赛季,科比单赛季一共罚球命中696球,这是科比职业生涯单赛季罚球命中数最高纪录。

808
- 科比总决赛出手次数一共为808次,暂列NBA历史第10位。

819
- 2005—2006赛季,科比单赛季一共罚球出手819次,这是科比职业生涯单赛季罚球出手最高纪录。

836
- 科比职业生涯为湖人队取得836场胜利。

882
- 科比季后赛三分球出手882次,命中率33.1%。

937
- 科比总决赛一共得到937分,暂列NBA历史第11位。

973
- 2003—2004赛季季后赛,科比出战23场,一共出场973分钟,这是科比单赛季季后赛总出场时间最高纪录。

978
- 2005—2006赛季,科比单赛季一共投篮命中978球,这是科比职业生涯单赛季投篮命中数最高纪录。

1040
- 科比季后赛一共贡献1040次助攻。

1103
- 1996—1997赛季,科比生涯处子赛季出场71场,首发6场,出场时间共1103分钟,场均15.5分钟。

1119
- 科比季后赛共得到1119个篮板,前场篮板230个,后场篮板889个。

1161
- 2015—2016赛季,科比职业生涯最后一个赛季总得分1161分。

1198
- 科比生涯首发出场1198场,其中16个赛季全部首发出场。

1320
- 科比季后赛共命中1320个罚球。

1346
- 科比职业生涯为湖人队出战1346场比赛。

1580
- 科比总决赛出场时间为1580分钟,暂列NBA历史第12位。

1617
- 科比季后赛罚球出手1617次,命中率为81.6%。

1827
- 科比常规赛共命中1827个三分球。

1861
- 2015—2016赛季,科比生涯最后一个赛季,他出战66场,全部首发,出场时间一共1861分钟,场均出场28.2分钟。

1944
- 科比职业生涯贡献1944次抢断。

2014
- 科比季后赛一共命中2014球。

2173
- 2005—2006赛季,科比单赛季一共投篮2173次,这是科比职业生涯单赛季投篮出手最高纪录。

2832
- 2005—2006赛季,科比单赛季一共得到2832分,这是科比职业生涯单赛季得分最高纪录。

3045
- 科比2013—2014赛季薪资为3045万美元,这是科比职业生涯最高年薪纪录。

附录

3353
- 科比职业生涯犯规3353次。

3401
- 2002—2003赛季，科比首发出战82场，单赛季出场时间为3401分钟，这是科比职业生涯单赛季总出场时间最高纪录。

4010
- 科比职业生涯一共4010次失误。

4499
- 科比季后赛出手4499次，命中率为44.8%。

5546
- 科比职业生涯三分球出手5546次，命中率为32.9%。

5640
- 科比季后赛总得分5640分，排在历史第4位。

6306
- 科比生涯一共送出6306次助攻。

7047
- 科比职业生涯一共摘下7047个篮板，其中前场篮板1499个，后场篮板5548个。

8378
- 科比职业生涯一共命中8378个罚球。

8641
- 科比季后赛一共出场8641分钟。

10011
- 科比生涯罚球出手10011次，命中率为83.7%。

11719
- 科比职业生涯命中数为11719球。

14481
- 14481是科比职业生涯投篮不中数，高居NBA历史第一，比第二名的约翰·哈夫利切克高出1064次。出手数往往是球队统治力的标志。职业生涯投失球的数量前30位的球员都是现在或未来的名人堂成员。

16161
- 科比20年生涯共在湖人队主场斯台普斯中心得到16161分，这是NBA历史上同一个球员在同一个场地得分最高纪录。

26200
- 科比职业生涯常规赛一共出手26200次，命中率44.7%。

32824
- 科比职业生涯总薪金高达32824万美元。

33643
- 科比职业生涯总得分33643分，排在历史第4位。

48637
- 科比生涯总出场时间为48637分钟，是湖人队队史出场时间第一人。

常规赛数据

赛季	年龄	球队	出场次数	首发	出场时间	命中数	出手数	命中率	三分命中数	三分出手数
1996—1997	18	湖人队	71	6	15.5	2.5	5.9	41.7%	0.7	1.9
1997—1998	19	湖人队	79	1	26.0	4.9	11.6	42.8%	0.9	2.8
1998—1999	20	湖人队	50	50	37.9	7.2	15.6	46.5%	0.5	2.0
1999—2000	21	湖人队	66	62	38.2	8.4	17.9	46.8%	0.7	2.2
2000—2001	22	湖人队	68	68	40.9	10.3	22.2	46.4%	0.9	2.9
2001—2002	23	湖人队	80	80	38.3	9.4	20.0	46.9%	0.4	1.7
2002—2003	24	湖人队	82	82	41.5	10.6	23.5	45.1%	1.5	4.0
2003—2004	25	湖人队	65	64	37.6	7.9	18.1	43.8%	1.1	3.3
2004—2005	26	湖人队	66	66	40.7	8.7	20.1	43.3%	2.0	5.9
2005—2006	27	湖人队	80	80	41.0	12.2	27.2	45.0%	2.3	6.5
2006—2007	28	湖人队	77	77	40.8	10.6	22.8	46.3%	1.8	5.2
2007—2008	29	湖人队	82	82	38.9	9.5	20.6	45.9%	1.8	5.1
2008—2009	30	湖人队	82	82	36.1	9.8	20.9	46.7%	1.4	4.1
2009—2010	31	湖人队	73	73	38.8	9.8	21.5	45.6%	1.4	4.1
2010—2011	32	湖人队	82	82	33.9	9.0	20.0	45.1%	1.4	4.3
2011—2012	33	湖人队	58	58	38.5	9.9	23.0	43.0%	1.5	4.9
2012—2013	34	湖人队	78	78	38.6	9.5	20.4	46.3%	1.7	5.2
2013—2014	35	湖人队	6	6	29.5	5.2	12.2	42.5%	0.5	2.7
2014—2015	36	湖人队	35	35	34.5	7.6	20.4	37.3%	1.5	5.3
2015—2016	37	湖人队	66	66	28.2	6.0	16.9	35.8%	2.0	7.1
生涯数据			1346	1198	48637	11719	26200	44.7%	1827	5546

	三分命中率	两分命中数	两分出手数	两分命中率	罚球命中率	篮板	助攻	抢断	盖帽	失误	得分
	37.5%	1.8	4.0	43.7%	81.9%	1.9	1.3	0.7	0.3	1.6	7.6
	34.1%	4.0	8.8	45.6%	79.4%	3.1	2.5	0.9	0.5	2.0	15.4
	26.7%	6.7	13.6	49.4%	83.9%	5.3	3.8	1.4	1.0	3.1	19.9
	31.9%	7.7	15.7	48.9%	82.1%	6.3	4.9	1.6	0.9	2.8	22.5
	30.5%	9.4	19.3	48.9%	85.3%	5.9	5.0	1.7	0.6	3.2	28.5
	25.0%	9.0	18.3	48.9%	82.9%	5.5	5.5	1.5	0.4	2.8	25.2
	38.3%	9.1	19.5	46.5%	84.3%	6.9	5.9	2.2	0.8	3.5	30.0
	32.7%	6.8	14.8	46.3%	85.2%	5.5	5.1	1.7	0.4	2.6	24.0
	33.9%	6.7	14.2	47.2%	81.6%	5.9	6.0	1.3	0.8	4.1	27.6
	34.7%	10.0	20.7	48.2%	85.0%	5.3	4.5	1.8	0.4	3.1	35.4
	34.4%	8.8	17.6	49.7%	86.8%	5.7	5.4	1.4	0.5	3.3	31.6
	36.1%	7.6	15.5	49.0%	84.0%	6.3	5.4	1.8	0.5	3.1	28.3
	35.1%	8.3	16.8	49.6%	85.6%	5.2	4.9	1.5	0.5	2.6	26.8
	32.9%	8.5	17.4	48.7%	81.1%	5.4	5.0	1.5	0.3	3.2	27.0
	32.3%	7.6	15.6	48.7%	82.8%	5.1	4.7	1.2	0.1	3.0	25.3
	30.3%	8.4	18.1	46.4%	84.5%	5.4	4.6	1.2	0.3	3.5	27.9
	32.4%	7.8	15.2	51.0%	83.9%	5.6	6.0	1.4	0.3	3.7	27.3
	18.8%	4.7	9.5	49.1%	85.7%	4.3	6.3	1.2	0.2	5.7	13.8
	29.3%	6.1	15.1	40.1%	81.3%	5.7	5.6	1.0	0.2	3.7	22.3
	28.5%	4.0	9.8	41.0%	82.6%	3.7	2.8	0.9	0.2	2.0	17.6
	32.9%	9892	20654	47.9%	83.7%	7047	6306	1944	640	4010	33643

季后赛数据

赛季	年龄	球队	出场次数	首发	出场时间	命中数	出手数	命中率	三分命中数	三分出手数
1996—1997	18	湖人队	9	0	14.8	2.3	6.1	38.2%	0.7	2.6
1997—1998	19	湖人队	11	0	20.0	2.8	6.9	40.8%	0.3	1.3
1998—1999	20	湖人队	8	8	39.4	7.6	17.8	43.0%	1.0	2.9
1999—2000	21	湖人队	22	22	39.0	7.9	17.9	44.2%	1.0	2.9
2000—2001	22	湖人队	16	16	43.4	10.5	22.4	46.9%	0.7	2.1
2001—2002	23	湖人队	19	19	43.8	9.8	22.7	43.4%	1.2	3.1
2002—2003	24	湖人队	12	12	44.3	11.4	26.4	43.2%	2.1	5.2
2003—2004	25	湖人队	22	22	44.2	8.6	20.9	41.3%	1.1	4.4
2005—2006	27	湖人队	7	7	44.9	10.3	20.7	49.7%	2.0	5.0
2006—2007	28	湖人队	5	5	43.0	12.0	26.0	46.2%	2.0	5.6
2007—2008	29	湖人队	21	21	41.1	10.6	22.0	47.9%	1.5	5.0
2008—2009	30	湖人队	23	23	40.9	10.5	23.0	45.7%	1.6	4.6
2009—2010	31	湖人队	23	23	40.1	10.2	22.2	45.8%	2.1	5.7
2010—2011	32	湖人队	10	10	35.4	8.3	18.6	44.6%	1.2	4.1
2011—2012	33	湖人队	12	12	39.7	11.0	25.1	43.9%	1.4	5.0
生涯数据			220	200	8641	2014	4499	44.8%	292	882

三分命中率	两分命中数	两分出手数	两分命中数	罚球命中率	篮板	助攻	抢断	盖帽	失误	得分
26.1%	1.7	3.6	46.9%	86.7%	1.2	1.2	0.3	0.2	1.6	8.2
21.4%	2.5	5.6	45.2%	68.9%	1.9	1.5	0.3	0.7	1.0	8.7
34.8%	6.6	14.9	44.5%	80.0%	6.9	4.6	1.9	1.3	3.9	19.8
34.4%	6.9	15.0	46.1%	75.4%	4.5	4.4	1.5	1.5	2.5	21.1
32.4%	9.8	20.3	48.5%	82.1%	7.3	6.1	1.6	0.8	3.2	29.4
37.9%	8.7	19.6	44.2%	75.9%	5.8	4.6	1.4	0.9	2.8	26.6
40.3%	9.3	21.3	43.9%	82.7%	5.1	5.2	1.2	0.1	3.5	32.1
24.7%	7.5	16.5	45.7%	81.3%	4.7	5.5	1.9	0.3	2.8	24.5
40.0%	8.3	15.7	52.7%	77.1%	6.3	5.1	1.1	0.4	4.7	27.9
35.7%	10.0	20.4	49.0%	91.9%	5.2	4.4	1.0	0.4	4.4	32.8
30.2%	9.0	17.0	53.2%	80.9%	5.7	5.6	1.7	0.4	3.3	30.1
34.9%	8.9	18.4	48.3%	88.3%	5.3	5.5	1.7	0.9	2.6	30.2
37.4%	8.0	16.5	48.7%	84.2%	6.0	5.5	1.3	0.7	3.4	29.2
29.3%	7.1	14.5	49.0%	82.0%	3.4	3.3	1.6	0.3	3.1	22.8
28.3%	9.6	20.1	47.7%	83.2%	4.8	4.3	1.3	0.2	2.8	30.0
33.1%	**1722**	**3617**	**47.6%**	**81.6%**	**1119**	**1040**	**310**	**144**	**647**	**5640**

全明星数据

赛季	年龄	球队	出场时间	命中数	出手次数	命中率
1997—1998	19	湖人队	22:00	7	16	43.8%
1999—2000	21	湖人队	28:00	7	16	43.8%
2000—2001	22	湖人队	30:00	9	17	52.9%
2001—2002	23	湖人队	30:00	12	25	48.0%
2002—2003	24	湖人队	36:00	8	17	47.1%
2003—2004	25	湖人队	35:21	9	12	75.0%
2004—2005	26	湖人队	29:21	7	14	50.0%
2005—2006	27	湖人队	26:15	4	11	36.4%
2006—2007	28	湖人队	28:09	13	24	54.2%
2007—2008	29	湖人队	2:52	0	0	
2008—2009	30	湖人队	29:14	12	23	52.2%
2009—2010	31	湖人队	因伤缺阵			
2010—2011	32	湖人队	29:21	14	26	53.8%
2011—2012	33	湖人队	34:48	9	17	52.9%
2012—2013	34	湖人队	27:36	4	9	44.4%
2013—2014	35	湖人队	因伤缺阵			
2014—2015	36	湖人队	因伤缺阵			
2015—2016	37	湖人队	25:49	4	11	36.4%
生涯数据			415	119	238	50.0%

	三分命中数	三分出手数	三分命中率	篮板	助攻	抢断	盖帽	得分
	2	3	66.7%	6	1	2	0	18
	1	4	25.0%	1	3	2	0	15
	1	2	50.0%	4	7	1	0	19
	0	4	0.0%	5	5	1	0	31
	3	5	60.0%	7	6	3	2	22
	2	3	66.7%	4	4	5	1	20
	2	5	40.0%	6	7	3	1	16
	0	5	0.0%	7	8	3	0	8
	3	9	33.3%	5	6	6	0	31
	0	0		1	0	0	0	0
	3	8	37.5%	4	4	4	0	27
	2	7	28.6%	14	3	3	0	37
	2	5	40.0%	1	1	2	0	27
	0	3	0.0%	4	8	2	2	9
	1	5	20.0%	6	7	1	0	10
	22	68	32.4%	75	70	38	6	290

个人荣誉

NBA总冠军： 5次（1999—2000赛季、2000—2001赛季、2001—2002赛季、2008—2009赛季、2009—2010赛季）

NBA总决赛MVP： 2次（2008—2009赛季、2009—2010赛季）

NBA常规赛MVP： 1次（2007—2008赛季）

NBA得分王： 2次（2005—2006赛季、2006—2007赛季）

NBA最佳阵容： 15次（一阵11次、二阵2次、三阵2次）

NBA最佳防守阵容： 12次（一阵9次、二阵3次）

NBA新秀阵容第二阵容： 1次

NBA周最佳球员： 33次

NBA月最佳球员： 17次

NBA全明星： 18次

NBA全明星赛MVP： 4次

1997年全明星扣篮大赛冠军

2020年入选NBA名人堂

2020年入选费城体育名人堂

2021年入选NBA历史75大球星

8号和24号球衣均被湖人队退役

21世纪前十年最佳NBA球员

2018年奥斯卡最佳动画短片奖

ESPY奖NBA年度最佳球员： 2次（2008年、2010年）

国家队荣誉 ▶

奥运会冠军： 2次（2008年北京奥运会、2012年伦敦奥运会）
美洲杯男篮锦标赛冠军： 1次（2007年）

其他荣誉 ▶

《今日美国》杂志评选1995年度美国高中最佳球员

1995年度奈·史密斯美国高中最佳球员

1995年度麦当劳全美高中明星赛最佳球员

2012年美国著名篮球杂志《DIME》封面人物，获评"21世纪最佳球员"

达拉斯独行侠队宣布将队中的24号球衣永久退役以纪念科比

NBA 纪录

最年轻首发球员：18岁5个月5天（1997年1月28日对独行侠队）

最年轻全明星首发球员：19岁175天（1997—1998赛季纽约全明星赛）

最年轻入选最佳新秀阵容：1996—1997赛季

最年轻入选最佳防守阵容：21岁251天（1999—2000赛季）

季后赛最年轻1000分先生：22岁263天（2001年5月13日）

季后赛最年轻2000分先生：24岁257天（2003年5月5日）

季后赛最年轻4000分先生：30岁264天（2009年5月18日）

季后赛最年轻5000分先生：31岁291天（2010年6月14日）

最年轻1000场先生：31岁184天（2010年2月24日）

参加圣诞大战场次最多：16次

圣诞大战得分最多：395分

连续入选NBA全明星赛次数最多：18次

首位在同一球队同时将两件球衣号码（8号和24号）退役

唯一一个超过37岁还能单场超过60分的球员（60分，2016年4月14日）

NBA生涯最后一战得分最多球员（60分，2016年4月14日）

NBA历史上最多生涯投篮打铁总数第一（14481次）

湖人队纪录

为湖人队连续效力20个赛季　　　为湖人队征战1346场比赛

为湖人队共取得836场胜利

常规赛上场时间最多：48637分钟

季后赛出场次数：220场

季后赛上场时间最多：8641分钟

生涯总得分：33643分

季后赛生涯总得分：5640分

单赛季总得分：2832分（2005—2006赛季）

单场得分：81分（2006年1月22日对猛龙队）

半场得分：55分（2006年1月22日对猛龙队下半场）

单节得分：30分（2次，2005年12月21日对独行侠队第三节、
　　　　　　2006年11月30日对爵士队第三节）

职业生涯取得60分或以上最多：6场

职业生涯取得50分或以上最多：26场

单个赛季取得50分或以上最多：10场（2006—2007赛季）

职业生涯取得40分或以上最多：134场

单个赛季取得40分或以上最多：27场（2005—2006赛季）

连续得分50+纪录：4场（2007年3月16日—23日）

连续得分40+纪录：9场（2003年2月6日—23日）

连续得分35+纪录：13场（2003年1月29日—2月23日）

连续得分20+纪录：62场（2005年12月9日到2006年4月19日）

季后赛取得30分或以上最多：88场

注：本书数据截至2022年1月12日

科比小档案

中文名： 科比·布莱恩特
英文名： Kobe Bryant
出生地： 美国宾夕法尼亚州费城
出生日期： 1978年8月23日
逝世日期： 2020年1月26日
身高： 1.98米
体重： 96千克
毕业院校： 劳尔·梅里恩高中
NBA选秀： 1996年首轮第13顺位被夏洛特黄蜂队选中
效力球队： 洛杉矶湖人队
球衣号码： 8号、24号
退役时间： 2016年4月14日
家庭成员：
妻子： 瓦妮莎
大女儿： 娜塔莉娅
二女儿： 吉安娜
三女儿： 碧昂卡
四女儿： 卡普里

KOBE BRYANT